알파벳

순번	명칭				마지막형	발음
1	알레프(al		ا / ا	ـا	ـا	ā/a/e/o
2	베(be)	ب	بـ	ـبـ	ـب	b
3	페(pe)	پ	پـ	ـپـ	ـپ	p
4	테(te)	ت	تـ	ـتـ	ـت	t
5	쎄(se)	ث	ثـ	ـثـ	ـث	s
6	짐(jim)	ج	جـ	ـجـ	ـج	j
7	체(che)	چ	چـ	ـچـ	ـچ	ch
8	헤(he)	ح	حـ	ـحـ	ـح	h
9	케(khe)	خ	خـ	ـخـ	ـخ	kh
10	덜(dāl)	د	د	ـد	ـد	d
11	절(zāl)	ذ	ذ	ـذ	ـذ	z
12	레(re)	ر	ر	ـر	ـر	r
13	제(ze)	ز	ز	ـز	ـز	z
14	줴(zhe)	ژ	ژ	ـژ	ـژ	zh
15	씬(sin)	س	سـ	ـسـ	ـس	s
16	쉰(shin)	ش	شـ	ـشـ	ـش	sh

순번	명칭	독립형	처음형	중간형	마지막형	발음
17	써드(sād)	ص	صـ	ـصـ	ـص	s
18	저드(zād)	ض	ضـ	ـضـ	ـض	z
19	터(tā)	ط	طـ	ـطـ	ـط	t
20	저(zā)	ظ	ظـ	ـظـ	ـظ	z
21	에인('ein)	ع	عـ	ـعـ	ـع	'
22	께인(qein)	غ	غـ	ـغـ	ـغ	q
23	페(fe)	ف	فـ	ـفـ	ـف	f
24	꺼프(qāf)	ق	قـ	ـقـ	ـق	q
25	커프(kāf)	ک	کـ	ـکـ	ـک	k
26	거프(gāf)	گ	گـ	ـگـ	ـگ	g
27	럼(lām)	ل	لـ	ـلـ	ـل	l
28	밈(mim)	م	مـ	ـمـ	ـم	m
29	눈(nun)	ن	نـ	ـنـ	ـن	n
30	버브(vāv)	و	و	ـو	ـو	v, o/u
31	헤(he)	ه	هـ	ـهـ	ـه	h, 묵음
32	예(ye)	ی	یـ	ـیـ	ـی	y, i

한 번만 봐도 기억에 남는
테마별 회화
이란어 단어
(페르시아어) 2300

· **국 명** : جمهوری اسلامی ایران

[좀후리예 에슬러미예 이런] 이란 이슬람 공화국

· **위 치** : 서남아시아

· **면 적** : 165만 km^2(한반도의 7.5배)

· **인 구** : 8,084만 명(2014년 기준)

· **수 도** : 테헤란

· **종 교** : 이슬람교(90% 이상)

국교는 이슬람교이지만 종교의 자유가 있으며, 기독교 · 조로아스터교 · 유대교는 합법적인 종교로 인정받고 있다. 단, 선교는 불법 행위이다.

· **민족 구성 및 언어** : 다민족 국가로서 공용어는 페르시아어.

그밖의 민족어로서 아제리어, 쿠르드어, 발로치어 등이 특정 지역의 모어로 사용된다.

· **기 후** : 서북부(지중해성 기후), 내륙 고원(대륙성/사막 기후), 페르시아만 연안(아열대성 기후)

· **계 절** : 봄, 여름, 가을, 겨울(4계절)

· **한국과의 시차** : 3월 21일~9월 20일경까지는 서머타임(IRDT) 4시간 30분 느림

9월 21일~3월 20일경까지는 표준시간(IST) 5시간 30분

· **복 장** : 남성들의 복장에 큰 제약은 없지만 반바지는 자제하는 것이 좋다. 여성들은 외출 시에 이슬람 관행에 따라 신체가 노출되지 않고 몸의 윤곽이 드러나지 않는 옷을 입어야 하며, 머리에는 반드시 스카프를 둘러야 한다.

· **기 타** : 술 · 돼지고기 · 음란물 등의 반입은 피한다.

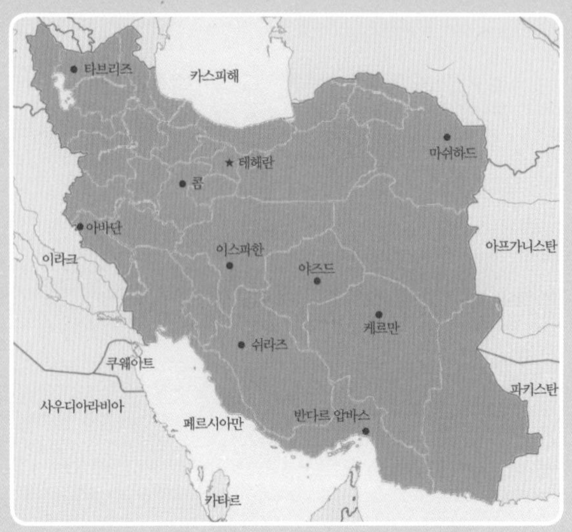

تهران [테흐런] **테헤란** : 이란의 수도로 정치 · 경제 등 모든 분야의 중심지이다.

اصفهان [에스파헌] **이스파한** : 사파비 왕조의 수도로서 '세계의 절반'이라 불린다.

شيراز [쉬러즈] **쉬라즈(시라즈)** : 4000년 이상의 고도이며, 허페즈의 무덤이 있다. 근교에 고대 페르시아의 왕궁 유적인 페르세폴리스(원어로 타크테 잠쉬드)가 있다.

مشهد [마쉬하드] **마쉬하드(마슈하드)** : 시아파 제8대 이맘인 레자의 무덤 있는 이슬람 시아파의 성지이다.

قم [꼼] **콤** : 이슬람 시아파의 성지 중 하나로 종교 도시이다. 종교인 양성 교육 시설로 유명하다.

يزد [야즈드] **야즈드** : 이슬람 침입 때 조로아스터교 신자들이 피난을 왔던 곳으로 조로아스터교 문화의 중심지가 되었다. 사막 기후이다.

تبريز [타브리즈] **타브리즈** : 사파비 왕조의 수도였다. 과거 실크로드의 중요 상업 중심지였다.

بندرعباس [반다르 압버스] **반다르 압바스(반다르 아바스)** : 이란의 대표적인 항구 도시이다. 호르무즈 해협과 접하고 있다.

درياى خزر [다리여예 카자르] **카스피해** : 세계에서 가장 큰 호수이다.

خليج فارس [칼리제 퍼르스] **페르시아만** : 아랍과 이란 사이의 만으로 많은 석유가 매장되어 있다.

كرمان [케르먼] **케르만** : 사산조 페르시아의 군사기지 역할을 했다. 오랜 역사를 자랑하는 도시로 많은 문화 유적이 산재해 있다.

آبادان [어버던] **아바단** : 이라크 국경과 인접한 지역이며, 이란의 주요 석유 수출 항구이다.

곽새라 지음 / Fahime Ghapandari Bidgoli 감수

머리말

이란의 공식 명칭은 이란이슬람공화국이며, 1935년 이전에는 페르시아로 불렸습니다. 페르시아라는 명칭에서 알 수 있듯이, 이란은 유구한 역사와 문화를 자랑하는 나라입니다. 그러나 중동지역에서 일어나는 일련의 혼란스러운 사태들이나 이란의 핵개발 문제와 그로 인한 경제제재 등으로 인해 이란의 이미지는 대체로 부정적이었으며, 관심 밖의 나라였습니다. 그렇다 보니 주변국들처럼 아랍 국가로 여겨지기도 하고, 언어조차도 아랍어라고 착각하는 경우가 종종 있습니다. 이란이라는 이름이 '아리아인의 땅'을 의미하듯이 이란은 주변의 아랍 국가와는 다른 민족적, 언어적 정체성을 가지고 있습니다.

최근 이란의 핵 협상이 성공적으로 진행되고, 경제제재가 해제됨에 따라 세계 각국과 기업들은 경제적으로 큰 가치를 창출할 수 있는 이란 시장을 장악하기 위하여 앞다투어 진출을 서두르고 있습니다. 이란은 유구한 역사와 문화를 자랑할 뿐만 아니라 석유 매장량 4위, 천연가스 매장량 2위의 자원 강국이며, 구매력과 직결되는 인구 또한 많아서 큰 잠재력을 지닌 나라입니다.

현재 이란에 대한 관심이 점점 높아지고 있지만, 아직까지 알려지지 않은 보석 같은 이야기들이 많이 숨겨져 있습니다. 이에 저자는 늘 안타까움을 느끼고 있었습니다. 물론 많은 이야기를 담을 수는 없겠지만, 언어를 통해서 그 사회와 문화를 더 잘 이해할 수 있으리라는 생각으로 이 어휘집을 준비하게 되었습니다.

이 책의 어휘들은 현재 이란의 공용어인 페르시아어만을 다루고 있습니다. 페르시아어는 이란뿐 아니라 아프가니스탄과 타지키스탄의 공용어이지만 어휘와 문법적인 차이가 조금 있고, 타지키스탄의 경우 다른 문자를 사용하고 있습니다. 보통 한 언어의 명칭을 그 국가의 이름을 따서 지칭하기 때문에, 이 책에서도 편의상 '이란어'라는 명칭을 사용하고자 합니다.

이란어의 문어체와 구어체는 발음이나 문장 구조에도 약간의 차이가 있습니다. 이란어를 처음 학습하는 분들에게는 정확한 어휘의 철자와 발음을 익히는 것이 무엇보다 중요하므로, 이 책에서는 문어체 표기와 발음을 적었습니다. 단, 예문들은 실제로 일상생활에서 사용할 수 있도록 문어체와 구어체의 차이가 큰 경우, 괄호에 구어체 발음을 별도로 적었습니다. 또한 이란어 발음을 한글로 표기하는 작업이 쉽지 않았지만, 발음했을 때 최대한 비슷하게 들리도록 표기하였습니다.

여러 가지로 부족한 점이 많지만, 이란어를 공부하는 분들과 이란을 방문하는 분들에게 많은 도움이 되었으면 합니다.

마지막으로, 교정과 검토 작업을 도와주신 파히메 비드골리 선생님, 파트네 누리와 더부드 캬스러이에게 감사드립니다. 또한 이 책을 낼 수 있도록 많은 도움을 주신 비타민북 관계자분들께도 감사드립니다.

2016년 3월

곽새라

이 책의 특징

이 책은 본문을 10개 테마(Theme)로 나누고, 테마별로 작은 Unit을 두어 다양한 주제별 어휘(전체 어휘 약 2300개 정도)를 실었다.

★ 그림 단어

재미있게 단어를 외울 수 있도록 그림을 함께 실었고, 이란어에 더욱 쉽게 접근할 수 있도록 발음을 한글로 표기하였다. 또한 각 단어 아래에는 실생활 회화에서 흔히 사용되는 짧은 문장을 실어, 그 단어가 생생하게 연상 기억될 수 있도록 하였다.

★ 관련 단어

그림 단어와 관련된 테마의 단어를 보충하여, 이란어의 어휘를 한층 더 넓힐 수 있게 하였다.

★ 회화와 짧은 문장

테마별 상황에 관련된 짧은 회화나 단어를 이용한 문장을 실어, 이란어로 읽고 익힐 수 있게 하였다.

★ 복습문제

Theme가 끝날 때마다 복습문제를 두어, 단어를 익힌 후에는 스스로 테스트해 볼 수 있도록 하였다.

★ 이란 문화 엿보기

우리가 잘 알지 못하는 이란 문화의 단면을 소개하여 이란에 대한 이해를 돕고자 하였다.

★ 한글과 이란어 색인(Index)

본문에 나온 어휘를 가나다 순의 한글 색인과 알파벳 순의 이란어 색인으로 만들어, 한글과 이란어 어느 쪽으로든 찾아보기 쉽게 배려하였다.

CONTENTS

Theme 6

➜ کار 업무 177

Theme 7

➜ اجتماع 사회 / اقتصاد 경제 201

Theme 8

➜ خرید 쇼핑 223

Theme 9

➜ سرگرمی 취미 / ورزش 스포츠 255

Theme 10

Index

이란어와 페르시아어의 명칭

'이란어'라는 명칭은 프랑스어, 독일어 등 여타 다른 언어들과 마찬가지로 이란에서 통용되는 언어라는 의미로 사용되고 있다. 그러나 주의할 것은 사실 '이란어'는 단 하나의 언어만을 지칭하는 어휘가 아니다.

지역적 차원에서의 이란어와 계통적 차원에서의 이란어가 존재하는데, 지역적 차원에서의 이란어는 이란에서 사용되는 모든 언어를 총칭한다. 다민족, 다문화 국가인 이란에서는 페르시아어, 아제리어, 쿠르드어, 발루치어 등과 같은 민족어들이 사용되고 있다.

계통적 차원에서의 이란어에는 고대 · 중세 페르시아어, 아베스타어, 사카어 등과 같은 사장된 언어를 비롯하여, 현대 페르시아어, 쿠르드어, 파쉬토어 등의 현대 언어들까지 포함된다.

이란어는 이처럼 다양한 언어를 아우르는 포괄적인 개념이다. 그렇다면 우리가 생각하는 이란어, 즉 이란 사람들이 공용어로서 사용하고 있는 언어의 명칭은 무엇일까? 그것은 바로 페르시아어 혹은 현대 페르시아어이다.

그러나 머리말에서도 언급한 것과 같이 보통 한 언어의 명칭은 그 국가의 이름을 따서 지칭하기 때문에, 이 책에서도 편의상 '이란어'라는 일반적으로 통용되는 명칭을 사용하고자 한다.

이란어의 문자

이란어는 아랍 문자를 차용하여 오른쪽에서 왼쪽으로 표기(단, 숫자는 왼쪽에서 오른쪽으로 표기)하는 언어이다. 아랍 문자 28자에 4개의 순수 이란어 문자 (پ ، چ ، ژ ، گ)를 추가한 총 32자로 구성된다. 32개의 문자는 기본적으로 자음이며, 일부 문자는 자음과 모음의 역할을 동시에 수행한다. 철자로 표기되는 모음을 제외하고는 모음은 표기되지 않고, 자음으로만 단어나 문장이 구성된다. 간혹 문맥상 혼동의 여지가 있는 경우에만 모음 부호를 붙여준다. 모음 부호는 총 3가지로 [아] 음가를 나타내는 َ◌, [에] 음가의 ِ◌, 그리고 [오] 음가의 ُ◌ 가 있다.

이란어에는 영어처럼 대문자와 소문자가 존재하지는 않지만, 이란어의 문자들은 일반적으로 각 문자마다 4가지의 형태를 가지고 있다. 이란어의 각 문자들은 한 단어를 이룰 때, 앞뒤의 문자와 서로 연결해서 표기를 하게 되는데, 이때 4가지 서로 다른 형태가 사용될 수 있다.

첫 번째 형태는 독립형 문자로서, 각 문자를 대표하는 표기일 뿐만 아니라, 어떠한 문자의 앞에 오는 문자가 비연결형 문자이고, 그 문자가 단어의 마지막 문자일 때 사용할 수 있는 형태이다.

두 번째 형태는 단어의 제일 처음에 쓰이는 처음형 문자이다. 7개의 비연결형 문자(آ/ا ، د ، ذ ، ر ، ز ، ژ ، و) 를 제외한 나머지 문자들은 단어 처음에 올 때 처음형으로 표기하고 뒤따라 오는 문자와 반드시 연결하여 쓴다.

세 번째 형태는 문자가 단어 중간에 쓰이는 경우이다. 중간형 문자들은 앞, 뒤의 문자와 연결해서 표기한다. 단, 비연결형 문자가 단어 중간에 오는 경우, 비연결형의 앞 문자가 또 다른 비연결형 문자가 아니라면, 두 문자는 연결해서 쓴다. 그러나 비연결형 문자는 바로 뒤에 오는 문자와는 연결해서 쓰지 않는다.

네 번째 형태는 단어 마지막에 오는 형태로서, 앞의 문자와 연결하는 형태이다.

요약하면, 이란어의 문자들은 기본적으로 한 단어 내에서 서로 연결해서 쓰되, 7개의 비연결형 문자는 앞의 문자와는 연결하고, 뒤의 문자와는 분리해서 쓴다.

순번	명칭	독립형	처음형	중간형	마지막형	발음
1	알레프(alef)	آ / ا	آ / ا	ـا	ـا	ā/a/e/o
2	베(be)	ب	بـ	ـبـ	ـب	b
3	페(pe)	پ	پـ	ـپـ	ـپ	p
4	테(te)	ت	تـ	ـتـ	ـت	t
5	쎄(se)	ث	ثـ	ـثـ	ـث	s
6	짐(jim)	ج	جـ	ـجـ	ـج	j
7	체(che)	چ	چـ	ـچـ	ـچ	ch
8	헤(he)	ح	حـ	ـحـ	ـح	h
9	케(khe)	خ	خـ	ـخـ	ـخ	kh
10	덜(dāl)	د	د	ـد	ـد	d
11	절(zāl)	ذ	ذ	ـذ	ـذ	z

순번	명칭	독립형	처음형	중간형	마지막형	발음
12	레(re)	ر	ر	ـر	ـر	r
13	제(ze)	ز	ز	ـز	ـز	z
14	줴(zhe)	ژ	ژ	ـژ	ـژ	zh
15	씬(sin)	س	سـ	ـسـ	ـس	s
16	쉰(shin)	ش	شـ	ـشـ	ـش	sh
17	써드(sād)	ص	صـ	ـصـ	ـص	s
18	저드(zād)	ض	ضـ	ـضـ	ـض	z
19	터(tā)	ط	طـ	ـطـ	ـط	t
20	저(zā)	ظ	ظـ	ـظـ	ـظ	z
21	에인(‘ein)	ع	عـ	ـعـ	ـع	‘
22	께인(qein)	غ	غـ	ـغـ	ـغ	q
23	페(fe)	ف	فـ	ـفـ	ـف	f
24	꺼프(qāf)	ق	قـ	ـقـ	ـق	q
25	커프(kāf)	ک	کـ	ـکـ	ـک	k
26	거프(gāf)	گ	گـ	ـگـ	ـگ	g
27	럼(lām)	ل	لـ	ـلـ	ـل	l
28	밈(mim)	م	مـ	ـمـ	ـم	m
29	눈(nun)	ن	نـ	ـنـ	ـن	n
30	버브(vāv)	و	و	ـو	ـو	v, o/u
31	헤(he)	ه	هـ	ـهـ	ـه	h, 묵음
32	예(ye)	ی	یـ	ـیـ	ـی	y, i

유의사항

1) 알레프는 آ [마떼(문자 위의 물결 표시)가 붙은 알레프]와 ا (마떼가 없는 알레프)의 두 가지 형태가 있다. 두 형태 모두 비연결형 문자로서, 앞에 오는 철자와는 연결해서 표기되지만, 알레프 뒤에 오는 다른 철자와는 연결해서 쓰지 않는다.

آ 의 형태는 단어 제일 앞에서만 사용하며, 장모음 [ā : ㅓ]의 음가를 가진다.

예 آب [āb:업] 물

반면, 단어 제일 앞에 오는 ا 는 한국어의 음가 없는 자음 'ㅇ'과 유사하다. 모음에 따라 그 음가가 결정된다.

예 اسب [asb:아습] 말(동물), اصفهان [esfahān:에스파헌] 에스파헌(지명), امید [omid:오미드] 희망, 바람, او [u:우] 그/그녀, این [in:인] 이/이것

단, ا 가 단어의 중간이나 끝에 위치할 경우에는 장모음 [ā (ㅓ)]의 음가를 가진다.

예 با [bā:버] ~와 함께/~을 타고, برادر [barādar:바러다르] 남자 형제

2) 케(خ)의 발음은 [kh] 혹은 [x]로 표기된다. 연구개음으로서 [ㅋ]와 [ㅎ] 사이의 소리가 난다. 한국어로 '호메이니(خمینی [khomenei])', '하메네이(خامنه ای [khāmeneyi])'로 표기하고 있는 ㅎ가 사실 [kh]를 표기한 것이다.

3) 에인(ع)은 성문음이지만, 마떼 없는 알레프와 거의 구별 없이 발음된다. 즉, 모음에 따라 음가가 결정되며, 그 음가는 보통 [']로 표시한다.

예 عینک ['einak:에이낙] 안경

4) 께인(غ)과 꺼프(ق)는 구개음으로서 [gh] 또는 [q]로 표기한다.

예 غرب [qarb:까릅] 서쪽, قاشق [qāshoq:꺼쇽] 숟가락

5) 커프(ک)에 َ [a] 모음이 붙을 경우, 발음은 [카]가 아니라 [캬]가 된다.

예 كفش [kafsh:캬프쉬] 신발

6) 거프(گ)에 َ [a:아] 모음이 붙을 경우, 발음은 [가]가 아니라 [갸]가 된다.

예 گردش [gardesh:갸르데쉬] 산책

7) 버브(و)는 자음 · 모음 양용 문자로서 자음일 때는 [v], 모음일 때는 [o] 또는 [u]로 발음된다.

예 واحد [vāhed:버헤드] 하나의/독신의/단위, تو [to:토] 너(2인칭 단수 대명사), او [u:우] 그/그녀(3인칭 단수 대명사)

8) 단모음 [e:에] 뒤에 오는, 단어 마지막에 위치하는 ه (he)는 종종 묵음이 되기도 한다

예 سه [se:쎄] 3

반면, ده [deh:데ㅎ] 시골마을

마지막 ه 의 음가 유무에 대해서는 단어 뒤에 접사를 붙였을 때 철자가 보존되는지 살피면 된다 : سوم [sevvom:쎄봄] 세 번째, دهات [dehāt:데허트] 마을들.

9) 예(ی)는 자음 · 모음 양용 문자로서 자음일 때는 [y], 모음일 때는 [i]의 음가를 갖는다.

예 يواش [yavāsh:야버쉬] 천천히/부드럽게, ترتيب [tartib: 타르팁] 차례, 배열

이밖에 주의해야 할 표기와 발음들은 다음과 같다.

1) 이란어에서 [i] 음가를 나타내는 방법
 – 자음 뒤에 ی : ایرانی [irāni :이러니] 이란의, 이란 사람, 이란 사람의
 – ای 형태 : کره ای [korei :코레이] 한국의, 한국 사람, 한국 사람의
 – یی 형태 : آمریکایی [āmrikāyi :엄리커이] 미국의, 미국 사람, 미국 사람의

2) ا + و + خ => خوا 의 발음은 خا [khā:커]가 된다.
 예 خواهر [khāhar:커하르] 여자 형제

3) ب + ن 의 조합에서, ن 의 [n] 음가는 뒤따르는 양순음 [b] 음가의 영향을 받아 양순음 [m]으로 발음된다.
 예 شنبه [shambe: 샴베] 토요일

4) 이란어에서는 음절의 첫 음에 자음이 연속으로 올 수 없다. 예를 들어, 외래어를 받아들여 쓰고 있는 단어 중 ski의 경우, 이란어에서는 연속되는 자음의 조합, 즉 자음 s와 자음 k의 조합이 첫 음절에 사용될 수 없으므로, 어두에 [e] 모음을 넣어 اسکی [eski:에스키]라고 쓰고 발음한다.

5) 모음과 모음이 충돌할 경우 ی [예]를 삽입한다.

6) 이란어는 쓰기 형식(written form, 문어체)과 말하기 형식(spoken form, 구어체)에 있어서 어순과 발음면에 약간의 차이가 있다. 이 책에서는 이란어는 문어체 표기를 제시하고, 발음은 회화 부분에서 문어와 구어 발음의 차이가 큰 경우, 문어체 발음과 함께 괄호 속에 구어 발음도 제시하였다.

7) 에저페 : 동사구와 일부 전치사구를 제외하면, 이란어 대부분의 명사구 · 형용사구 등은 에저페라는 문법 연결사가 수식어와 수식을 받는 피수식어 사이에 반드시 존재해야 한다.

예를 들어, 이란어의 명사구는 〈명사 + 형용사〉의 어순으로 나타나는데, 이때 형용사 수식어가 뒤따르는 경우의 명사에는 반드시 [e]나 [ye] 음가의 에저페가 동반되어야 한다. 명사가 자음으로 끝나는 경우는 [e], 모음으로 끝나는 경우는 [ye : ی] 형태의 에저페가 붙는다. 이란어의 모음부호는 기본적으로 생략되므로, 에저페는 표기할 필요는 없지만, 발음할 때는 반드시 삽입하여 읽어주어야 한다.

예 دختر [dokhtar : 독타르] 소녀
زيبا [zibā : 지바] 아름다운
دختر زيبا – [dokhtar-e zibā : 독타레 지바] 아름다운 소녀

بچه [bachche : 바체] 아이
خوب [khub : 쿱] 좋은, 착한
بچه ی خوب – [bachche-ye khub : 바체예 쿱] 착한 아이

8) 동사 : 이란어의 동사는 인칭, 수, 시제 등에 따라 활용된다. 다시 말해서, 동사원형이 그대로 문장 내에서 서술어의 역할을 하지는 않는다.
가장 기본적으로 사용되는 현재시제와 과거시제 활용하는 방법을 간단히 소개하고자 한다.
현재시제 : mi– (مى) + 현재어근 + 현재 수/인칭 어미
과거시제 : 과거어근 + 과거 수/인칭 어미
현재어근은 대체로 불규칙하므로 새로운 동사가 나올 때마다 암기해 놓는 것이 좋으며, 과거어근은 모두 규칙적으로 동사원형에서 ن만 제외하면 된다.
아래는 현재와 과거의 수/인칭 어미를 제시한 표이다.

표1: 현재 수/인칭 어미

	1	2	3
단수	َم [-am]	ى [-i]	َد [-ad]
복수	يم [-im]	يد [-id]	َند[-and]

표2: 과거 수/인칭 어미

	1	2	3
단수	َم [-am]	ی [-i]	없음
복수	یم [-im]	ید [-id]	َند [-and]

위의 표에서처럼 현재와 과거의 수/인칭 어미는 3인칭 단수에서만 상이하게 나타나는데, 현재에서의 어미가 [-id]인 반면, 과거 3인칭 단수 어미는 존재하지 않는다. 즉, 과거어근 자체가 과거 3인칭 단수를 나타내는 형태이다. 위의 일반적인 현재 활용 형태를 지키지 않는 중요한 두 가지의 동사의 현재 형태는 다음과 같다 (과거형은 모든 동사에 대해 항상 규칙).

1) بودن 동사 : 영어의 to be에 해당하는 동사로서, '이다/있다'의 의미를 가지는 동사이다. 이 동사의 현재형은 3가지 형태이나 많이 사용되는 2가지 형태만을 제시하였다.

	제1형태		제2형태	
인칭	단수	복수	단수	복수
1	ام [am]	ایم [im]	هستم [hastam]	هستیم [hastim]
2	ای [i]	اید [id]	هستی [hasti]	هستید [hastid]
3	است [ast]	اند [and]	هست [hast]	هستند [hastand]

2) داشتن 동사 : ' 가지고 있다 / 가지다'의 의미를 가지는 동사로서, 일반적인 현재형 활용규칙과 달리 mi– (می) 가 사용되지 않는다는 것이 특징이다.

인칭	단수	복수
1	دارم [dāram]	داریم [dārim]
2	داری [dāri]	دارید [dārid]
3	دارد [dārad]	دارند [dārand]

일러두기

이란어는 이란에서 사용하는 다양한 언어를 아우르는 포괄적인 개념인데, 보통 한 나라의 언어의 명칭은 그 국가의 이름을 따서 지칭하기 때문에 이 책에서도 편의상 '이란어'라는 일반적으로 통용되는 명칭을 사용한다.

이란어는 쓰기 형식(written form, 문어체)과 말하기 형식(spoken form, 구어체)에 있어서 어순과 발음에 약간의 차이가 있다. 이 책에서는 문어체를 위주로 표기했으며, 문어와 구어 발음의 차이가 큰 경우는 괄호 속에 구어 발음도 제시하였다.

이 책의 어휘와 문장들은 문어체로만 녹음되었다. 문어체 표기에서 구어체 발음으로 전환될 때 특정한 규칙들이 있지만, 대부분의 경우 각 개인마다 혹은 지역마다 발음에 차이가 있기 때문이다.

THEMATIC IRANIAN WORDS

Theme 1

→ انسان 엔썬 인간

신체 바단 بدن

얼굴 쑤라트 صورت

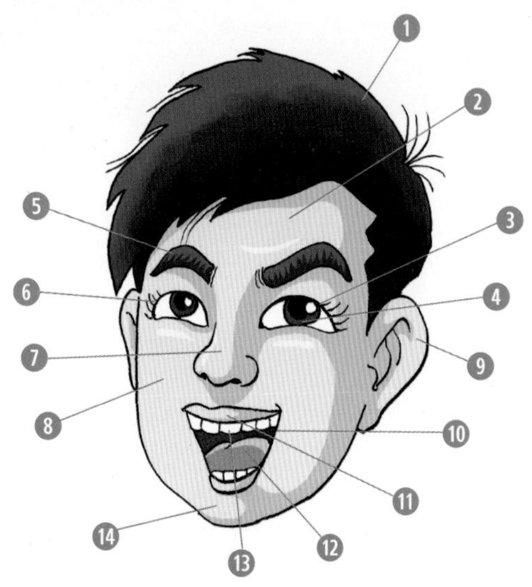

1. مو / 무 موی سر 무예 싸르 머리카락
2. پیشانی 피셔니 이마
3. چشم 체쉼 눈
4. مردمک 마르도막 눈동자
5. ابرو 아브루 눈썹
6. مژه 모줴 속눈썹
7. بینی 비니 코

⑧ لپ 로프 볼, 뺨
⑨ گوش 구쉬 귀
⑩ دهان 다헌 입
⑪ لب 랍 입술
⑫ زبان 자번 혀
⑬ دندان 단던 이, 치아
⑭ چانه 쳐네 턱

관련 단어

- □ چال خنده 촬레 칸데 보조개
- □ خال 컬 점
- □ پلک 펠크 눈꺼풀
- □ چروک 초룩 주름
- □ جوش 주쉬 여드름
- □ سبیل 쎄빌 콧수염
- □ ریش 리쉬 턱수염

앞모습 아저예 젤로예 바단 اعضای جلوی بدن

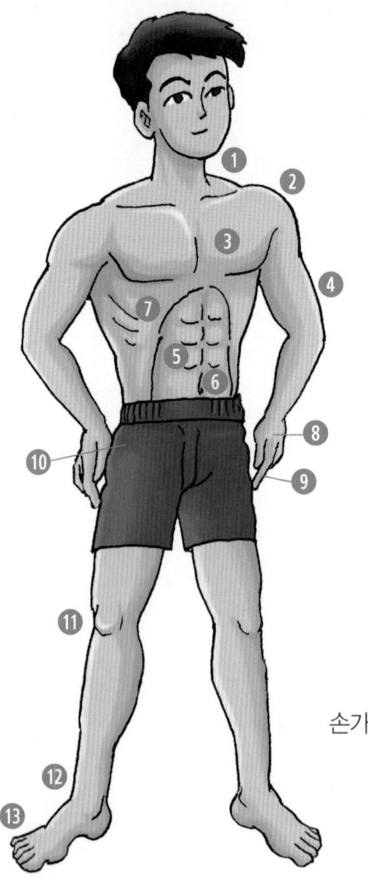

1 گردن 목 갸르단
2 شانه 어깨 셔네
3 سینه 가슴 씨네
4 بازو 팔 버주
5 شکم 배 셰캼
6 ناف 배꼽 너프
7 استخوان دنده 갈비뼈 오스토커네 단데
8 دست 손 다스트
9 انگشت 손가락 앙고쉬트
10 لگن 골반 라갼
11 زانو 무릎 저누
12 مچ پا 발목 모췌 퍼
13 پا 다리, 발 퍼

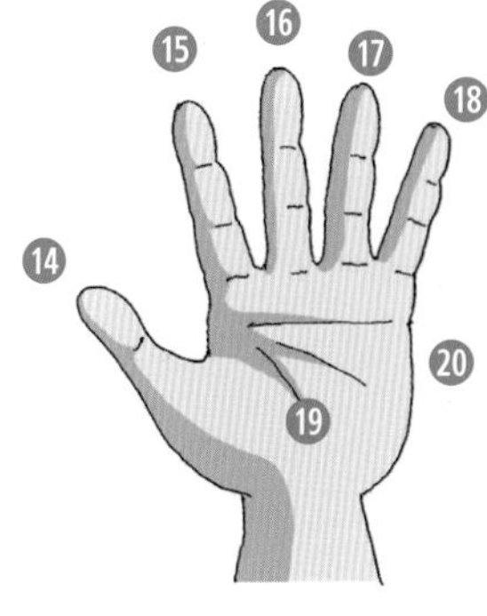

⑭ انگشت شست 엄지 앙고쉬테 샤스트

⑮ انگشت اشاره 인지, 집게손가락 앙고쉬테 에셔레

⑯ انگشت میانی 중지, 가운뎃손가락 앙고쉬테 미여니

⑰ انگشت انگشتری 약지, 넷째손가락 앙고쉬테 앙고쉬타리

⑱ انگشت کوچک 소지, 새끼손가락 앙고쉬테 쿠착

⑲ کف دست 손바닥 캬페 다스트

⑳ پشت دست 손등 포쉬테 다스트

A: شکمم درد می کند!
세캬맘 다르드 미코나드! (세캬맘 다르드 미코네!)
나 배가 아파!

B: با هم برویم دکتر.
버함 베라빔 독토르. (버함 베림 독토르.)
같이 병원에 가자.

관련 단어

- ☐ مشت 주먹 모쉬트
- ☐ مچ دست 손목 모체 다스트
- ☐ ناخن 손톱 너콘
- ☐ ناخن گرفتن 손톱을 깎다 너콘 게레프탄
- ☐ کف دست خواندن 손금을 보다 카페 다스트 컨단
- ☐ اثر انگشت 지문 아싸레 앙고쉬트
- ☐ چپ دست 왼손잡이 찹 다스트
- ☐ راست دست 오른손잡이 러스트 다스트

A: ناخنت خیلی بلند نشده است؟
너코네트 케일리 볼란드 나쇼데 아스트? (너코네트 케일리 볼란드 나쇼데?)
너 손톱이 너무 길지 않니?

B: می دانم. ولی وقت نداشتم ناخن بگیرم.
미더남. 발리 바끄트 나더쉬탐너콘 베기람 (미두남. 발리 바끄트 나더쉬탐너콘 베기람)
알아. 그런데 깎을 시간이 없었어.

뒷모습 아저예 포쉬테 바단 اعضای پشت بدن

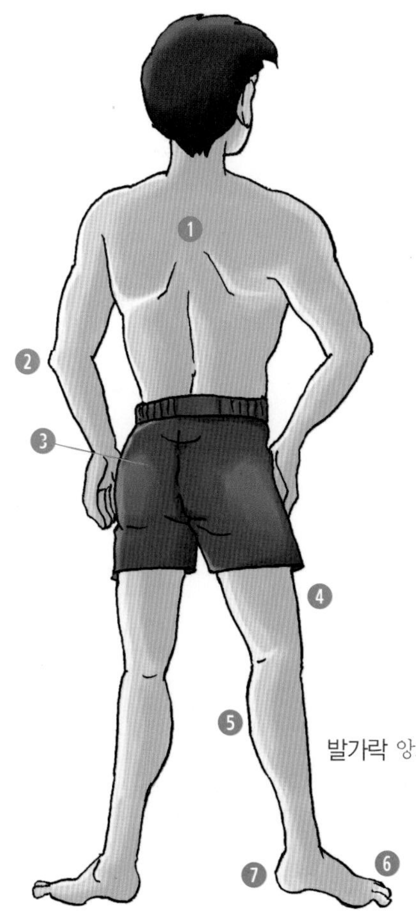

1 پشت 등 포쉬트
2 آرنج 팔꿈치 어란쥐
3 باسن 엉덩이 버싼
4 ران 허벅지 런
5 ساق 종아리 써끄
6 انگشت پا 발가락 앙고쉬테 퍼
7 پاشنه 뒤꿈치 퍼쉬네

신체 기관 오르건허예 바단 ارگان های بدن

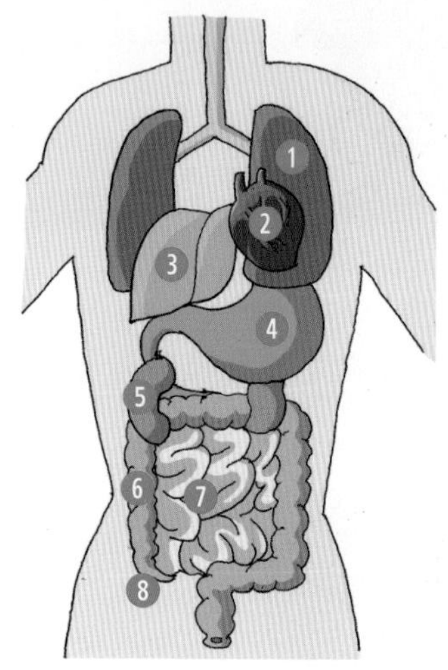

1 شش 쇼쉬 / ریه 리예 폐
2 قلب 깔브 심장
3 کبد 카벧 간
4 معده 메데 위
5 کلیه 콜리예 신장
6 روده ی بزرگ 루데예 보조르그 대장
7 روده ی کوچک 루데예 쿠차크 소장
8 آپاندیس 어펀디스 맹장

관련 단어

- □ مغز 뇌 마그즈
- □ ستون فقرات 척추 소투네 파까러트
- □ عصب 신경 아쌉
- □ سلول 세포 쎌룰
- □ رگ خونی 혈관 라게 쿠니
- □ خون 혈액, 피 쿤
- □ استخوان 뼈 오스토컨
- □ مفصل 관절 마프쌀
- □ عضله 근육 아졸레
- □ پوست 피부 푸스트
- □ روده 장 루데
- □ مثانه 방광 마써네

가족 커네버데 خانواده

□ پدر بزرگ 페다르 보조르그
할아버지, 조부

□ مادر بزرگ 머다르 보조르그
할머니, 조모

پدر بزرگ فردا بر می گردد.
페다르 보조르그 파르더 바르 미갸르다드.
(페다르 보조르그 파르더 바르 미갸르데.)
할아버지는 내일 돌아오신다.

□ بابا 아빠 버버
پدر 아버지, 부친 페다르

□ مامان 엄마 머먼
مادر 어머니, 모친 머다르

مادرمان خیلی زیباست.
머다레먼 케일리 지버스트.
(머다레문 케일리 지버스.)
우리 엄마는 정말 예쁘다.

□ عمو 친삼촌 아무
□ عمه 고모 암메

عمو پول تو جیبی داد.
아무 풀 투 지비 더드.
친삼촌이 용돈을 주셨다.

□ برادر بزرگ

형, 오빠 바러다레 보조르그

□ خواهر بزرگ

누나, 언니 커하레 보조르그

برادر و خواهر بزرگ من خیلی من را دوست دارند.

바러다르 바 커하레 보조르게 만 케일리 만 러 두스트 더란드.

(바러다로 커하레 보조르갸 케일리 마노 두스트 더란.)

형과 누나는 나를 매우 좋아한다.

□ پسر 아들 페싸르

□ دختر 딸 독타르

پسر همسایه هنوز کوچک است.

페싸레 함써예 하누즈 쿠착 아스트.

(페싸레 함써예 하누즈 쿠치케.)

이웃집 아들은 아직 어리다.

□ برادر کوچک

남동생 바러다레 쿠착

□ خواهر کوچک

여동생 커하레 쿠착

خواهر کوچکم خیلی خوش اخلاق است.

커하레 쿠차캼 케일리 코쉬 아끌럭 아스트.

(커하레 쿠치캼 케일리 코쉬아끌러게.)

내 여동생은 정말 착하다.

관련 단어

- □ والدین 벌레데인 부모
- □ برادر 바러다르 형제
- □ خواهر 커하르 자매
- □ داماد 더머드 사위, 신랑
- □ عروس 아루쓰 며느리, 신부
- □ پدر شوهر 페다르 쇼하르 시아버지
- □ مادر شوهر 머다르 쇼하르 시어머니
- □ پدر زن 페다르 잔 장인
- □ مادر زن 머다르 잔 장모
- □ دایی 더이 외삼촌
- □ خاله 컬레 이모
- □ خواهر شوهر 커하르 쇼하르 시누이
- □ زن برادر 잔 바러다르 올케
- □ برادر شوهر 바러다르 쇼하르 시동생
- □ برادر زن 바러다르 잔 처남
- □ پسر عمو 페싸르 아무 사촌 형(오빠, 남동생)

- ☐ دختر عمو 사촌 언니(누나, 여동생) 독타르 아무
- ☐ پسر عمه 고종사촌 형(오빠, 남동생) 페싸르 암메
- ☐ دختر عمه 고종사촌 언니(누나, 여동생) 독타르 암메
- ☐ پسر دایی 외사촌 형(오빠, 남동생) 페싸르 더이
- ☐ دختر دایی 외사촌 언니(누나, 여동생) 독타르 더이
- ☐ پسر خاله 이종사촌 형(오빠, 남동생) 페싸르 컬레
- ☐ دختر خاله 이종사촌 언니(누나, 여동생) 독타르 컬레
- ☐ برادرزاده 조카(남자 형제의 아들과 딸) 바러다르 저데
- ☐ خواهرزاده 조카(여자 형제의 아들과 딸) 커하르 저데
- ☐ جد 조상 자뜨
- ☐ خویشاوندان 친척 키셔반던
- ☐ همسایه 이웃 함써예

인생 젠데기 زندگی

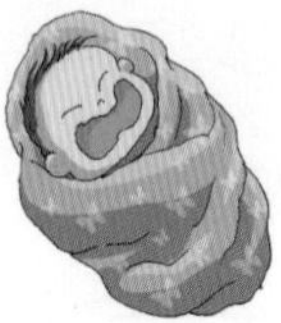

□ تولد 탄생 타발로드

□ نوزاد 아기 노저드

□ بچه 어린이, 꼬마 바체

آن بچه دارد بازی می کند.

언 바체 더라드 버지 미코나드.

(운 바체 더레 버지 미코네.)

꼬마가 놀고 있구나.

□ پسر 소년 페싸르

□ دختر 소녀 독타르

□ جوان 청년 자번

□ بزرگسال 성인 보조르그 썰

□ پیرمرد 노인 (남) 피르마르드

□ پیرزن 노인 (여) 피르잔

□وصیت 유언 바씨야트

□مراسم خاکسپاری
장례식 마러쎄메 커크쎄퍼리

□قبر 무덤 까브르

관련 단어

□بچگی 어린 시절 바체기

□بزرگ شدن 성장 보조르그 쇼단

□خواستگاری 청혼 커스테거리

□نامزدی 약혼 넘자디

□ازدواج 에즈데버즈 / عروسی 결혼 아루씨

□طلاق 이혼 탈러끄

□عروس 신부 아루쓰

□داماد 신랑 더머드

□بیوه 미망인 비베

□مرگ 죽음 마르그

□سوزاندن جسد 화장 쑤전다네 자싸드

사랑과 결혼 에쉬끄 바 에즈데버즈 عشق و ازدواج

□ابراز عشق کردن
에브러제 에쉬끄 캬르단
사랑을 고백하다

□عشق یک طرفه
짝사랑 에쉬께 옉 타라페

عشق یک طرفه همیشه سخت است.
에쉬께 옉 타라페 하미셰 싸크트 아스트.
(에쉬께 예 타라페 하미셰 싸크테.)
짝사랑은 언제나 힘들다.

□مثلث عشقی
삼각관계 모쌀라쎄 에쉬끼

□باهم دوست شدن
사귀다 버함 두스트 쇼단

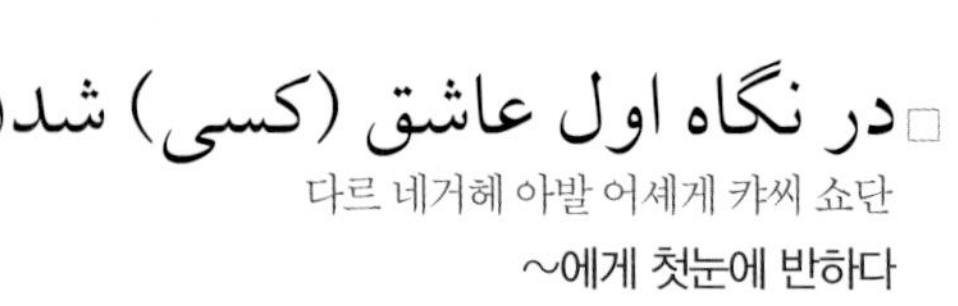

□در نگاه اول عاشق (کسی) شدن
다르 네거헤 아발 어셰게 캬씨 쇼단
~에게 첫눈에 반하다

□ عاشق 애인 어셰끄

□ ازدواج کردن
결혼하다 에즈데버즈 캬르단

□ ماه عسل
신혼 여행 머헤 아쌀

□ حامله بودن
임신하다 허멜레 부단

هفت ماه است که حامله است.
하프트 머흐 아스트 케 허멜레 아스트.
(하프트 머헤 케 허멜레 아쓰.)
그녀는 임신한 지 7개월이 되었다.

□ دعوا 다툼, 싸움 다버

□ دوست 친구 두스트

관련 단어

- □ همجنس 동성 함젠쓰
- □ جنس مخالف 이성 젠쎄 모컬레프
- □ عشق اول 첫사랑 에쉬께 아발
- □ جذاب 매력 자접
- □ خواستگاری کردن 프러포즈하다, 구혼하다 커스테거리 캬르단
- □ کارت عروسی 청첩장 커르테 아루씨
- □ حلقه ی ازدواج 결혼반지 할께예 에즈데버즈
- □ زوج تازه ازدواج کرده 신혼부부 조제 터제 에즈데버즈 캬르데
- □ همسر 배우자 함싸르
- □ بچه بزرگ کردن 양육(아이를 키우다) 바체 보조르그 캬르단
- □ شناختن 알게 되다 셰너크탄
- □ جدا شدن (از...) (~와) 헤어지다 조더 쇼단 (아즈 …)
- □ آشتی کردن 화해하다 어쉬티 캬르단

일상생활 젠데기예 루저네 زندگی روزانه

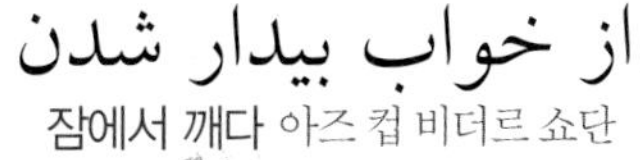

□ از خواب بیدار شدن
잠에서 깨다 아즈 컵 비더르 쇼단

□ بلند شدن 일어나다 볼란드 쇼단

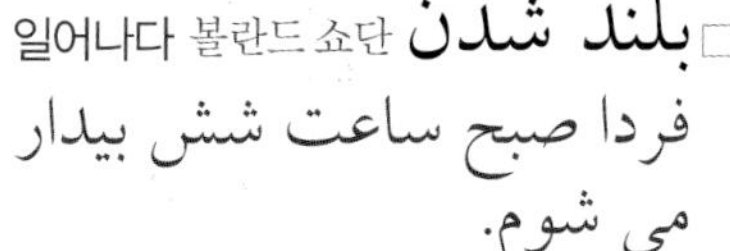

فردا صبح ساعت شش بیدار می شوم.
파르더 쏩 써아테 셰쉬 비더르 미샤밤.
(파르더 쏩 써아테 쉬쉬 비더르 미샴.)
내일 아침에는 여섯 시에 일어나야지.

□ مسواک زدن
이를 닦다 메스벅 자단

□ ریش زدن
면도하다 리쉬 자단

در حالی که ریشهایم را می زدم، چانه ام را با تیغ بریدم.
다르 헐리 케 리쉬허얌 러 미 자담, 처네암 러 버 티끄 보리담.
(다르 헐리 케 리쉬허야모 미 자담, 처나모 버 티끄 보리담.)
면도하다가 턱을 베었다.

□ صورت شستن
세수하다 쑤라트 쇼스탄

□ شانه زدن
머리를 빗다 셔네 자단

□ لباس پوشیدن

옷을 입다 레버쓰 푸쉬단

امروز چه لباسی بپوشم؟

엠루즈 체 레버씨 베푸샴?

오늘은 무슨 옷을 입지?

□ ناهار خوردن

점심 먹다 너허르 코르단

ساعت یازده و نیم ناهار می خورم.

써아테 여즈다호님 너허르 미코람.

나는 열한 시 반에 점심을 먹는다.

□ به سرکار رفتن

출근하다 베 싸레 커르 라프탄

پدرم معمولا با اتوبوس به سرکار می رود.

페다람 마물란 버 오토부스 베싸레커르 미라바드.

(페다람 마물란 버 오토부스 베 싸레커르 미레.)

아버지는 보통 버스로 출근하신다.

□ تلویزیون تماشا کردن

텔레비전을 보다 텔레비지온 타머셔 카르단

در حالی که تلویزیون تماشا می کردم، چیپس می خوردم.

다르 헐리 케 텔레비지온 타머셔 미카르담, 칩스 미코르담.

텔레비전을 보면서 감자 칩을 먹었다.

□ به موسیقی گوش کردن

음악을 듣다 베 무시끼 구쉬 캬르단

بیشتر جوانان در مترو به موسیقی گوش می کنند.

비쉬타레 자버넌 다르 메트로 베 무시끼 구쉬 미코난드.
(비쉬타레 자부너 투 메트로 베 무시끼 구쉬 미코난.)
많은 젊은이들은 전철에서 음악을 듣는다.

□ به خواب رفتن

잠자리에 들다 베 컵 라프탄

관련 단어

□ صدا 소리, 목소리 쎄더

□ شنیدن (들려오는 소리) 듣다 셰니단

گوش دادن (귀 기울여) 듣다 구쉬 더단

□ صدایی آمدن 쎄더이 어마단

شنیده شدن 들리다 셰니데 쇼단

□ نگاه کردن 네거흐 캬르단 / دیدن 보다 디단

□ دیده شدن 보이다 디데 쇼단

□ گرفتن 잡다 게레프탄

- ☐ دست زدن 닿다, 만지다 다스트 자단
- ☐ چشیدن 맛보다 체쉬단
- ☐ لباس شستن 빨래하다 레버쓰 쇼스탄
- ☐ اتو زدن 다림질하다 오투 자단
- ☐ حمام کردن 목욕하다 함멈 캬르단
- ☐ دوش گرفتن 샤워하다 두쉬 게레프탄
- ☐ لباس عوض کردن 갈아입다 레버스 아바즈 캬르단
- ☐ مرتب کردن 정리하다 모라탑 캬르단
- ☐ تا دیر وقت کار کردن 밤늦게 일하다 터 디르바끄트 커르 캬르단
- ☐ تا دیر وقت درس خواندن 밤늦게 공부하다 터 디르바끄트 다르스 컨단
- ☐ دیر از خواب بیدار شدن 늦잠을 자다 디르 아즈 컵 비더르 쇼단
- ☐ خواب نیمروز 낮잠 커베 님루즈
- ☐ پینگ پنگ بازی کردن 탁구를 치다 핑퐁 버지 캬르단
- ☐ گیم بازی کردن 게임을 하다 게임 버지 캬르단
- ☐ پیانو زدن 피아노를 치다 피어노 자단

- تلفن زدن 전화를 걸다 텔레폰 자단
- درس خواندن 공부하다 다르쓰 컨단
- کتاب خواندن 책을 읽다 케텁 컨단
- نامه نوشتن 편지를 쓰다 너메 네베쉬탄
- تاب بازی کردن 그네를 타다 텁 버지 캬르단
- سرسره بازی کردن 미끄럼틀을 타다 쏘르쏘레 버지 캬르단

A: صدایی نمی آید؟
쎄더이 네미어야드? (쎄더이 네미어드?)
무슨 소리 들리지 않니?

B: جدا؟ فقط صدای تو را می شنوم.
제딴? 파까트 쎄더예 토러 미세나밤.
(제딴? 파까트 쎄더예 토로 미쉬나밤.)
글쎄? 네 목소리밖에 안 들리는데.

A: خوب گوش کن. مثل اینکه نیمه شب کسی پیانو می زند.
쿱 구쉬 콘. 메쓸레 인케 니메샵 캬씨 피어노 미자나드.
(쿱 구쉬 콘. 메쓸레 인케 니메샵 캬씨 피어노 미자네.)
잘 들어 봐. 이 밤중에 누가 피아노를 치는 거 같은데.

B: آن صدا از قبل هم می آمد.
언 쎄더 아즈 까블 함 미어마드. (운 쎄더 아즈 까블 함 미우마드.)
아, 저 소리는 아까부터 들렸어.

پدیده های فیزیولوژی
생리 현상 파디데허예 피지올로쥐

□ آه کشیدن
한숨 짓다 어흐 케쉬단

□ سرفه کردن
기침하다 쏘르페 캬르단

□ عطسه 재채기 아트쎄

□ عرق 땀 아라끄

چرا آنقدر عرق می ریزم.
체러 언까드르 아라끄 미리잠.
왜 이렇게 땀이 많이 나지.

□ اشک 눈물 아쉬크

صورت بچه پر از اشک است.
쑤라테 바체 포르 아즈 아쉬크 아스트.
(쑤라테 바체 포르 아즈 아쉬케.)
아기 얼굴이 눈물로 얼룩져 있다.

□ باد شکم
방귀 버데 셰캼

□ ادرار 소변 에드러르

관련 단어

□ نفس کشیدن 나파스 케쉬단 호흡하다, 숨을 쉬다
□ گریه کردن 게리예 캬르단 울다
□ خمیازه کشیدن 카미여제 케쉬단 하품하다
□ کش دادن بدن 케쉬 더다네 바단 기지개
□ سکسکه 쎅쎄케 딸꾹질
□ آروغ زدن 어루끄 자단 (배가 불러서) 트림을 하다
□ تف 토프 침, 타액
□ مدفوع 마드푸 대변
□ خواب 컵 꿈
□ خواب دیدن 컵 디단 꿈을 꾸다

مکالمه

A: دیشب خواب دیدم، داشتم با تو دعوا می کردم.
디샵 컵 디담, 더쉬탐 버 토 다버 미 캬르담.
나 어젯밤에 너랑 싸우는 꿈 꿨어.

B: همیشه نسبت به من احساس بدی داشتی؟
함미셰 네스바트 베 만 에흐써세 바디 더쉬티?
평소에 나한테 무슨 나쁜 감정이 있었나 보지?

A: نمی دانم. شاید هم آن طور باشد.
네미더남. 셔야드 함 언 토르 버샤드.
(네미두남. 셔야담 운토리 버세.)
글쎄. 혹시 그럴지도….

성격 샤시야트 شخصیت
태도 라프터르 رفتار

□ با احتیاط
주의 깊은 버 에흐티여트

□ بی احتیاط
부주의한, 경솔한 비 에흐티여트

□ پرحرف
수다스러운 포르 하르프

□ پرتلاش 부지런한 포르 탈러쉬
خواهر بزرگم خیلی پر تلاش است.
커하레 보조르감 케일리 포르탈러쉬 아스트.
(커하레 보조르감 케일리 포르 탈러셰.)
우리 언니는 무척 부지런하다.

□ بی ادب 무례한 비 아답

□ صبور 인내심 많은 싸부르

관련 단어

- □ مهربان 친절한 메흐라번
- □ معصوم 순수한 마아쑴
- □ ترسو 겁 많은 타르쑤
- □ شجاع 용감한 쇼저
- □ عاقل 지혜로운 어껠
- □ راستگو 정직한 러스트구
- □ تنبل 게으른 탐발
- □ خسته کننده 지루한 카스테 코난데
- □ احمق 어리석은 아흐마끄
- □ متواضع 겸손한 모타버제
- □ با ادب 예의 바른 버 아답
- □ بخشنده 관대한 박산데
- □ حساس 섬세한 하써쓰
- □ قابل اعتماد 믿을 수 있는 꺼벨레 에테머드
- □ خودخواه 이기적인 코드커

A: آن مغازه دار خیلی مهربان است.

언 마거제더르 케일리 메흐라번 아스트. (운 마거제더르 케일리 메흐라부네.)

저 가게 주인 참 친절하더라.

B: آره، من هم همینطور فکر می کردم.

어레. 만 함 하민토르 페크르 미 캬르담. (어레. 마남 하민토르 페크르 미캬르담.)

그래, 나도 그렇게 생각했어.

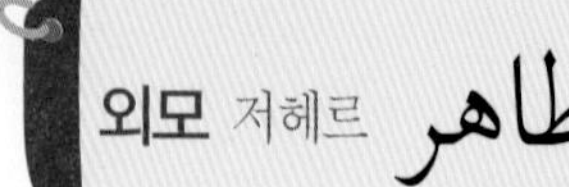

외모 저헤르 ظاهر

몸무게 바즌 وزن ☐

처끄 چاق ☐
뚱뚱한

러까르 لاغر ☐
여윈, 마른

까뜨 قد ☐
키, 신장

까뜨 볼란드 قد بلند ☐
키가 큰

قد کوتاه ☐
키가 작은 까뜨 쿠터흐

지버 زیبا ☐
아름다운, 예쁜

자접 جذاب ☐
매력적인

너즈 ناز ☐
귀여운

□ کچل
대머리 캬찰

□ موی کوتاه
단발머리 무예 쿠터흐

□ موی مجعد
곱슬머리 무예 모자아드

관련 단어

□ موی فر 파마머리 무예 페르

□ موی دم اسبی 무예 돔 아스비
포니테일, 뒤로 한 다발로 묶은 머리

□ موی سفید 흰머리 무예 쎄피드

□ قیافه 인상, 표정 끼어페

□ قیافه بی احساس
포커페이스, 무표정 끼여페예 비 에흐써스

□ گیج 멍한 기즈

□ طرز نگاه 눈빛, 눈초리 타르제 네거흐

□ خوش اندام 몸매가 좋은 코쉬 안덤

□ خوش تیپ 멋진, 잘생긴 코쉬 팁

감정 ① 에흐써쓰 옉 احساس ۱

행복한 코쉬헐 خوشحال □ 슬퍼하는, 상심하는 깜긴 غمگین □

ما خانواده ی خوشحالی هستیم.

머 커네버데예 코쉬헐리 하스팀.

우리는 행복한 가족이에요.

더운 가름 گرم □ 추운 싸르드 سرد □

خسته بودن □

피곤하다 카스테 부단

목마른 테쉬네 تشنه □ 피로한, 피곤한 카스테 خسته □

☐ عصبانی شدن 화내다 아싸버니 쇼단

اگر رییس عصبانی بشود، واقعا ترسناک است.

아갸르 라이쓰 아싸버니 베샤바드, 버게안 타르쓰넉 아스트.

(아게 라이쓰 아싸버니 베셰, 버게안 타르쓰너케.)

사장님이 화내시면 정말 무서워.

☐ تعجب کردن 놀라다 타아좁 캬르단

☐ سیر بودن 배부르다 씨르 부단

☐ گرسنه بودن 배고프다 고로스네 부단

☐ خجالت کشیدن 부끄러워하다 케절라트 케쉬단

관련 단어

☐ جالب 재미있는 절렙

☐ قاطی کردن 헷갈리다 꺼티 캬르단

☐ ناامید 실망한 너 오미드

☐ وحشتناک 무서운 바흐샤트넉

☐ خوشحال 기쁜 코쉬헐

☐ تنها 쓸쓸한 탄허

☐ دلتنگ 외로운 델탕

☐ خواب آلود 졸린 커벌루드

감정 ② 에흐써쓰 도 احساس ۲

□ خرد
지혜 케라드

□ شجاعت
용기 쇼저아트

□ غم
슬픔 깜

□ ترس 두려움 타르스

نترس.
나타르스.
두려워하지 마라.

□ درد 아픔 다르드

□ لذت 즐거움 레자트

□ عشق 사랑 에쉬끄

عشقشان زيباست.
에쉬께션 지바스트.
그들의 사랑은 아름답다.

□ ناامیدی
절망 너오미디

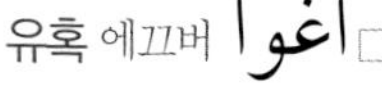

□ اغوا 유혹 에끄버

□ آزادی 자유 어저디

관련 단어

□ امید داشتن 희망하다 오미드 더쉬탄

□ قابل تحسین 감탄할 만한 꺼벨레 타흐씬

□ مهربان بودن 친절하다 메흐라번 부단

□ تشکر کردن 감사하다 타샤코르 캬르단

□ حقیقت داشتن 진실하다 하끼까트 더쉬탄

□ راستگو بودن 정직하다 러스트구 부단

□ راضی بودن 만족스럽다 러지 부단

□ آرامش 평온 어러메쉬

□ صلح 평화 쏠흐

□ نگران بودن 불안하다, 걱정하다 네갸런 부단

□ پشیمان شدن 후회하다 파쉬먼 쇼단

□ نفرت داشتن 증오하다, 싫어하다 네프라트 더쉬탄

복습문제 سوالات مروری

1 다음 인체 부위의 이름을 이란어로 써보세요.

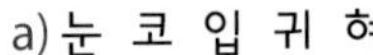

a) 눈 코 입 귀 혀

b) 어깨 팔 손가락 다리 무릎

2 다음 단어의 뜻을 써보세요.

a) سر ____________ b) خون ____________

c) استخوان ____________ d) صورت ____________

e) عضله ____________ f) قلب ____________

3 다음 빈칸에 알맞은 이란어를 써넣어 보세요.

a) 사위란 내 딸의 남편을 말한다.

منظورم از داماد ________ دخترم است.

b) 신랑과 신부 ________ داماد و

c) 인생은 아름다워. ________ زیباست.

d) 삼각 관계 ____________

e) 당신과 결혼하고 싶어요. می خواهم با شما ________ کنم.

4 다음 단어의 뜻을 써보세요.

a) بلند شدن ________________ b) تلویزیون تماشا کردن ________

c) به خواب رفتن ____________ d) به موسیقی گوش کردن _______

5 다음 그림과 단어를 연결해 보세요.

•　•　•　•　•

•　•　•　•　•

سرفه کردن　آه کشیدن　اشک　عرق　ادرار

6 다음 빈칸에 알맞은 이란어를 써넣어 보세요.

a) 조심해요! ______________________________!

b) 이기적인 여자 ________________زن

c) 예의바른 ____________________

7 다음을 해석해 보세요.

پسر قدبلند ____________________

دختر ناز ______________________

کچل __________________________

8 다음 빈칸에 알맞은 이란어를 써넣어 보세요.

a) 나는 무척 목이 마릅니다. من خیلی ______.

b) 당신의 친절에 감사드립니다.
از ________ شما تشکر می کنم.

c) 전쟁과 평화 جنگ و ______.

1 a) 눈-چشم 코-بینی 입-دهان 귀-گوش 혀-زبان
b) 어깨-شانه 팔-بازو 손가락-انگشت 다리-پا 무릎-زانو

2 a) 머리 b) 혈액 c) 뼈 d) 얼굴 e) 근육 f) 심장

3 a) شوهر b) عروس c) زندگی d) مثلث عشقی e) ازدواج

4 a) 일어나다 b) 텔레비전을 보다 c) 잠자리에 들다 d) 음악을 듣다

5 한숨 짓다 – آه کشیدن 기침하다 – سرفه کردن 땀 – عرق
눈물 – اشک 소변 – ادرار

6 a) احتیاط کنید! b) خودخواه c) باادب

7 키가 큰 소년 귀여운 소녀 대머리

8 a) تشنه ام b) مهربانی c) صلح

Theme 2

➜ خانواده 커네버데 가정

집	خانه	Unit 01
주택 외부	نمای بیرونی خانه	Unit 02
거실	اتاق پذیرایی	Unit 03
주방	آشپزخانه	Unit 04
욕실	حمام	Unit 05
침실	اتاق خواب	Unit 06
아기 방	اتاق بچه	Unit 07
잡화 / 공구	ابزار / وسایل مختلف	Unit 08

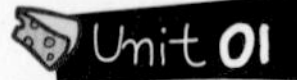

집 커네 خانه

□ خانه 주택 커네

چه خانه ی فوق العاده ای!

체 커네예 포꼴러데 이!

참 멋진 주택이군요!

□ آپارتمان

아파트 어퍼르테먼

□ اجاره 집세 에저레

اجاره ی خانه چه قدر است؟

에저레예 커네 체까드르 아스트?

(에저레예 쿠네 체까드레?)

집세는 얼마예요?

□ اجاره دادن

에저레 더단

임대하다(빌려주다)

□ صاحبخانه

집주인 써헵 커네

خدا را شکر که این دفعه صاحبخانه ی خوبی دارم.

코더 러 쇼크르 케 인 다페 써헵커네예 쿠비 더람.

(코더로 쇼크르 케 인 다페 썹쿠네예 쿠비 더람.)

이번엔 좋은 집주인을 만나서 다행이야.

□ مستاجر 세입자 모스타제르

관련 단어

□ محل اقامت 거주지 마할레 에께마트
□ آدرس 주소 어드레쓰
□ اسباب کشی 이사 아쓰법 케쉬
□ بنگاه املاک 부동산 봉거헤 암러크
□ سپرده 보증금 쎄포르데
□ بازسازی کردن 개축[재건]하다 버즈써지 캬르단
□ خانه ی بزرگ 저택 커네예 보조르그
□ ویلا 빌라 빌러
□ بلوک آپارتمانی 아파트의 한 동 블루케 어퍼르테머니
□ مجتمع آپارتمانی 아파트 단지 모지타마에 어퍼르테머니
□ آب شهری 상수도 어베 샤흐리
□ فاضلاب 하수도 퍼젤럽
□ برق 전기 바르끄
□ آب و برق 수도와 전기 어보 바르끄
□ گاز 가스 거즈

نمای بیرونی خانه

주택 외부 나머예 비루니예 커네

❶ پشت بام 지붕 포쉬테 범

❷ دیوار 벽 디버르

❸ پنجره 창문 판제레

❹ ورودی 현관 보루디

❺ زنگ در 초인종 장게 다르

❻ زیرزمین 지하실 지르자민

❼ صندوق پستی 우편함 싼도께 포스티

❽ چمن 잔디 차만

❾ گاراژ 차고 거러지

관련 단어

- □ نرده 울타리, 담장 나르데
- □ پلاک 문패 펠럭
- □ حیاط جلوی خانه 앞마당 하여테 젤로예 커네
- □ باغ 정원 버끄
- □ بالکن 베란다 벌콘
- □ انبار 창고 안버르
- □ پله 계단 펠레

A: صدای زنگ در می آید. برو ببین کیست.
쎄더예 장게 다르 미 어야드. 보로 베빈 키스트.
(쎄더예 장게 다르 미어드. 보로 베빈 키에.)
초인종 소리가 나는데, 좀 나가 봐.

B: نمی خواهم. تو برو.
네미 커함. 토 보로. (네미 컴. 토 보로.)
싫어, 네가 나가.

A: من الان دارم ظرف می شویم.
만 알런 더람 자르프 미슈얌. (만 알런 더람 자르프 미슈람.)
난 지금 설거지하고 있잖아.

Unit 03

거실 오터께 파지러이 اتاق پذیرایی

❶ پرده 커튼 파르데
❷ تلویزیون 텔레비전 텔레비지온
❸ پنکه 선풍기 판케
❹ جارو برقی 진공청소기 저루 바르끼
❺ میز 탁자, 테이블 미즈
❻ مبل 소파 모블
❼ فرش 카펫, 양탄자 파르쉬
❽ سطل زباله 쓰레기통 싸틀레 조벌레
❾ تصویر 그림 타쓰비르

□ کنترل
리모컨 콘토롤

این کنترل خوب کار نمی کند.
인 콘토롤 쿱 커르 네미코나드.
(인 콘토롤 쿱 커르 네미코네.)
이 리모컨이 잘 작동되지 않는다.

□ عکس 사진 악스

□ ساعت دیواری
벽시계 써아트 디버리

관련 단어

□ سقف 천장 싸끄프
□ لوستر 샹들리에 루스테르
□ صندلی راحتی 안락의자 싼달리예 러하티
□ قفسه ی کتاب 책장 까파쎄예 케텁
□ موکت 깔개, 매트 무켓

이란 문화 엿보기 | 이란의 주거생활

2001년에 우리나라에서 개봉한 이란 영화 '천국의 아이들'에서 주인공인 알리가 집앞 마당의 연못에서 발을 담그고 있는 장면을 볼 수 있다. 이처럼 전통적인 이란의 가옥은 건물과 그 앞의 작은 마당, 그리고 그 안의 연못으로 이루어진다. 그러나 최근에는 수도인 테헤란으로 사람들이 몰려들면서 많은 세대가 살 수 있는 아파트가 급격히 증가하면서 전통적인 가옥 구조를 흔하게 보기는 힘들다.

그런데 전통가옥이든 아파트이든, 집의 크기가 크든 적든 한 가지 공통된 특징은 거실이 넓다는 것이다. 가족 모임을 중시하고, 사람들을 좋아하여 집으로 초대하는 것을 즐기는 이란 사람들의 성격을 보여주는 예 중 하나이다.

거의 모든 집들의 거실에는 큰 카펫이 깔려 있는데, 이란 사람들은 이 카펫 위에서 쉬고, 먹고, 담소를 즐긴다.

2500년 전 인류 최초의 카펫(Pazirik)이 이란에서 짜여진 이후부터 이란인들의 일상생활에서 빼놓을 수 없는 필수품이 되었다. 이렇게 오랜 역사를 지닌 이란의 카펫은 그 품질과 예술성을 인정받아 세계의 카펫 시장에서 최고의 대우를 받으며 거래되고 있다.

주방 어쉬파즈커네 آشپزخانه

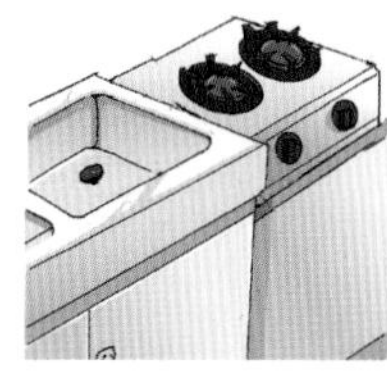

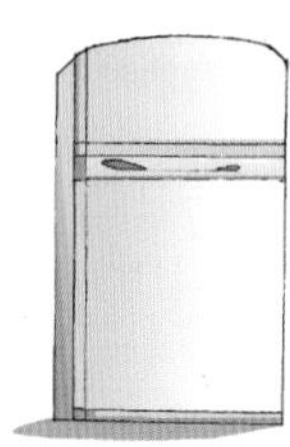

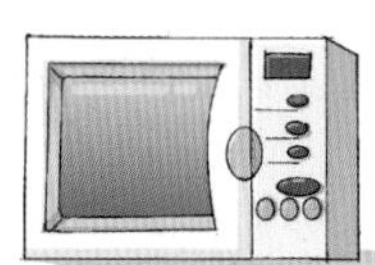

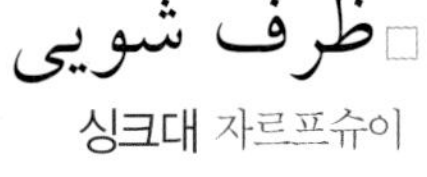

□ ظرف شویی
싱크대 자르프슈이

□ یخچال
냉장고 약철

□ مایکرو فر
머이크로 페르
전자레인지

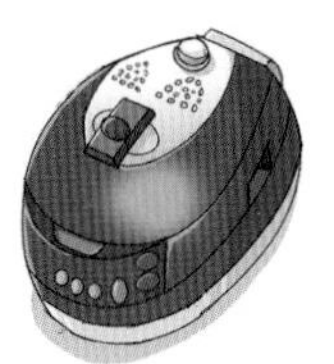

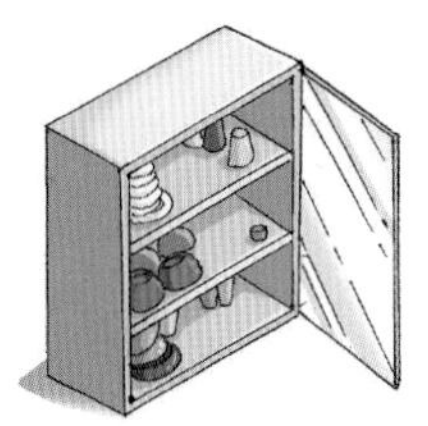

□ پلوپز
전기밥솥 폴로파즈

□ کابینت
찬장 커비넷

□ تستر 토스터 토스테르

نان را برشته کنیم و با قهوه بخوریم.
넌 러 베레쉬테 코님 바 버 까흐베 보코림.
(누노 베레쉬테 코니모 버 까흐베 보코림.)
토스터에 빵을 구워 커피랑 먹자.

□ قابلمه
냄비 꺼블라메

□ ماهی تابه
프라이팬 머히터베

□ کتری
주전자 케트리

□ کاسه 그릇 커쎄

□ لیوان 컵 리번

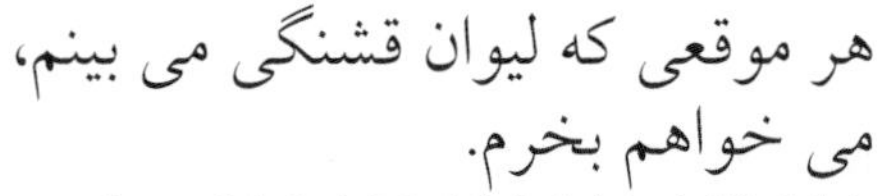

هر موقعی که لیوان قشنگی می بینم، می خواهم بخرم.

하르 모게이 케 리버네 까샹기 미비남, 미커함 베카람.
(하르 모게이 케 리버네 까샹기 미비남, 미컴 베카람.)
나는 예쁜 컵만 보면 사고 싶다.

□ بشقاب 접시 보쉬껍

□ ملاقه 국자 말러께

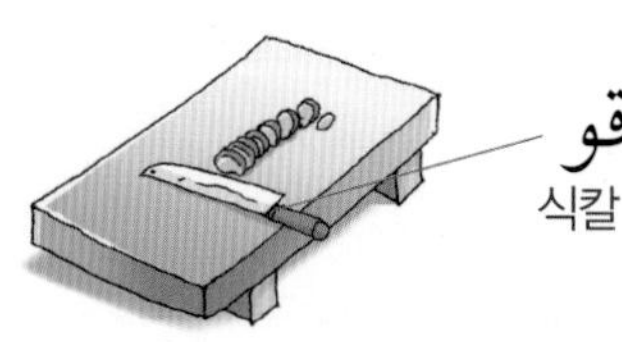

□ چاقو
식칼 처꾸

□ تخته آشپزی 도마 타크테 어쉬파지

관련 단어

- فر 오븐 페르
- دستکش مخصوص فر 오븐용 장갑 다스트케셰 막쑤쎄 페르
- دستمال 행주 다스트멀
- کوزه 항아리 쿠제
- قاشق 숟가락 꺼쇽
- چوبک غذاخوری 젓가락 추바케 까저코리
- کارد 나이프 커르드
- چنگال 포크 창걸
- فنجان (손잡이가 달린) 찻잔 펜전
- استکان (손잡이가 없는) 찻잔 에스테컨

A: میز را با دستمال پاک می کنی؟
미즈 러 버 다스트멀 퍼크 미코니?
(미즈로 버 다스트멀 퍼크 미코니?)
행주로 식탁 좀 닦아줄래?

B: قبلا پاک کردم. الان دارم قاشق می گذارم.
까블란 퍼크 캬르담. 알런 더람 꺼쇼끄 미 고저람.
(까블란 퍼크 캬르담. 알런 더람 꺼쇼끄 미저람.)
벌써 닦았어요. 지금 숟가락 놓고 있잖아요.

욕실 함멈 حمام

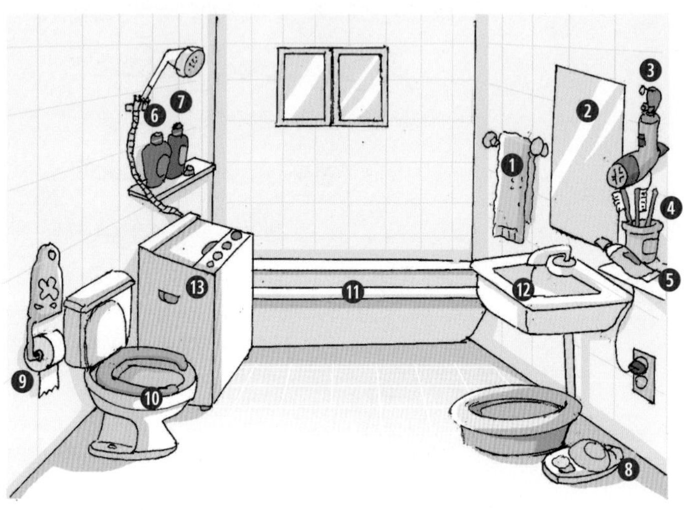

❶ حوله 수건, 타월 홀레

❷ آینه 거울 어이네

❸ سشوار 헤어드라이어 쎄슈어르

❹ مسواک 칫솔 메쓰바크

❺ خمیر دندان 치약 카미르 단던

❻ شامپو 샴푸 셤푸

❼ نرم کننده 린스 나름 코난데

❽ صابون 비누 써분

9 دستمال کاغذی 화장지 다스트멀 커가지

10 دست شویی فرنگی 변기 다스트 슈이에 파랑기

11 وان حمام 욕조 버네 함멈

12 روشویی 세면기 루슈이

13 ماشین لباسشویی 세탁기 머쉰 레버스슈이

- □ لباس حمام 목욕 가운 레버쎄 함멈
- □ آب حمام 목욕물 어베 함멈
- □ مو شستن 머리를 감다 무 쇼스탄
- □ رخت 세탁물 라크트
- □ ماده ی پاک کننده 세제 머떼예 퍼크 코난데
- □ حباب 거품 호법
- □ گیره ی لباس 빨래집게 기레예 레버스
- □ دوش 샤워기 두쉬
- □ شیر آب 수도꼭지 쉬레 업
- □ خروجی آب 배수구 코루지예 업

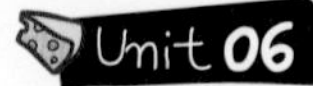

Unit 06

침실 오터께 컵 اتاق خواب

❶ تخت خواب 침대 타크테 컵

❷ بالش 베개 벌레쉬

❸ ملافه 침대보 말러페

❹ پتو 담요, 모포 파투

❺ چراغ خواب 스탠드 체릭 컵

❻ میز تحریر 책상 미즈 타흐리르

❼ صندلی 의자 싼달리

❽ کمد کشویی 서랍장, 수납장 코모데 케쇼이

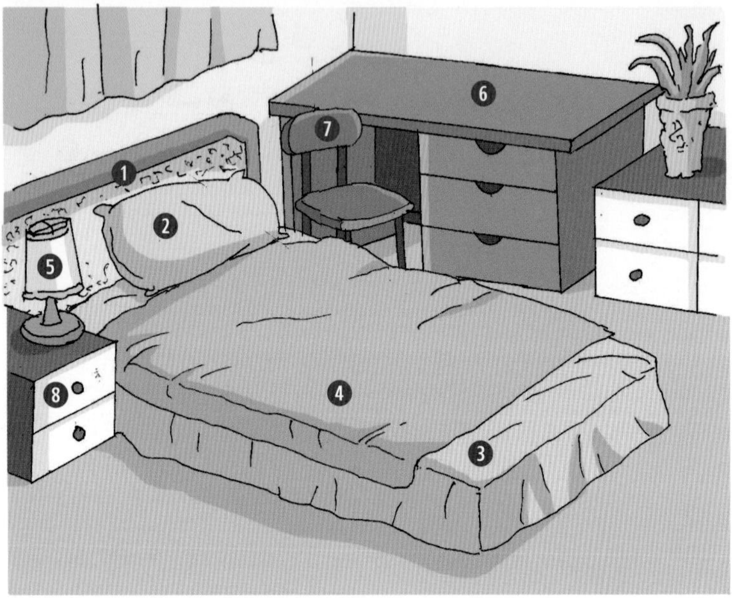

관련 단어

- □ ساعت زنگدار 알람시계 써아테 장더르
- □ دستگاه بخور 가습기 다스트거헤 보쿠르
- □ کمد لباس 옷장 코모데 레버쓰
- □ میز آرایش 화장대, 경대 미제 어러예쉬
- □ کشو 서랍 케쇼
- □ تخت خواب یک نفره 싱글베드, 1인용 침대 타크테 커베 예 나파레
- □ تخت خواب دو نفره 더블베드, 2인용 침대 타크테 커베 도 나파레
- □ تخت خواب دو طبقه 2단 침대 타크테 커베 도 타바께

A: اتاق خیلی کثیف است!
오터끄 케일리 캬씨프 아스트! (오터끄 케일리 캬씨페!)
방이 엄청 더럽다!

B: می دانم. ولی وقت ندارم تمیز کنم.
미 더남. 발리 바끄트 나더람 타미즈 코남.
(미두남. 발리 바끄트 나더람 타미즈 코남.)
알고 있어. 그런데 치울 시간이 없네.

A: پس کمکت می کنم.
파스 코마케트 미코남.
그럼 내가 도와줄게.

아기 방 오터께 바체 اتاق بچه

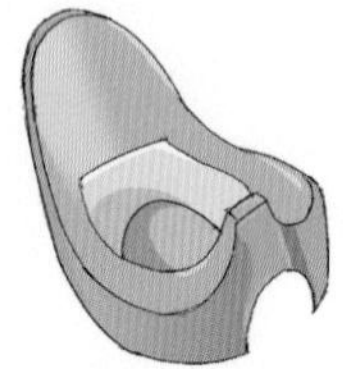

□ گهواره 요람 갸흐버레

بچه در گهواره خوابیده است.

바체 다르 갸흐버레 커비데 아스트.

(바체 투 갸흐버레 커비데.)

아기가 요람에서 자고 있다.

□ توالت فرنگی بچگانه

토얼레테 파랑기예 바체거네

유아용 변기

□ کالسکه

유모차 컬레스케

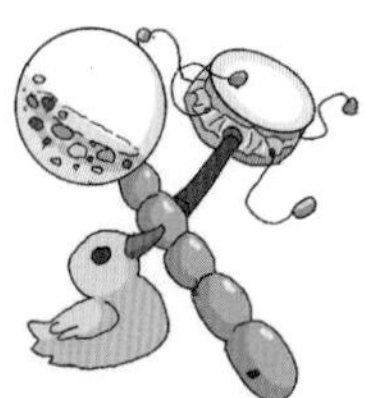

□ اسباب بازی

장난감 아쓰법 버지

□ خرس عروسکی 곰인형 케르쎄 아루싸키

بچه ی ما از خرس عروسکی خیلی خوشش آمد.

바체예 머 아즈 케르쎄 아루싸키 케일리 코셰쉬 어마드.

(바체예 머 아즈 케르쎄 아루싸키 케일리 코셰쉬 우마드.)

곰인형은 우리 아기가 가장 좋아한다.

관련 단어

□ تخت خواب بچگانه 유아용 침대 타크테 커베 바체거네

□ کمد بچگانه 아기 옷장 코모데 바체거네

□ صندلی بچگانه 유아 의자 싼달리예 바체거네

□ جعبه ی اسباب بازی 장난감 상자 자베예 아스법 버지

□ پیش بند بچه 턱받이 피쉬 반데 바체

□ پوشک 기저귀 푸샤크

□ شلوار بند دار 멜빵 바지 샬버레 반드 더르

□ تاب 그네 텁

A: یک کالسکه ی بچه می خواهم بخرم.
엑 컬레스케예 바체 미커함 베카람. (예 컬레스케예 바체 미컴 베카람.)
유모차를 사려고 하는데요.

B: که اینطور! این چطور است؟
케인토르! 인 체토르 아스트? (케인토르! 인 체토레?)
그러세요? 이거 어떠세요?

A: به نظرم خوب است. قیمتش چند است؟
베나자람 쿱 아스트. 께이마테쉬 찬드 아스트?
(베나자람 쿠베. 께이마테쉬 찬데?)
음, 좋아 보이네요.

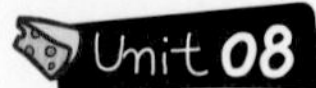

Unit 08

공구 아브저르 ابزار
잡화 바써엘레 모크탈레프 وسایل مختلف

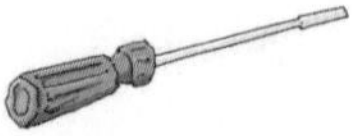

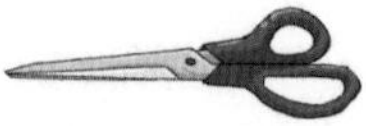

□ پیچ گوشتی
드라이버 피취구쉬티

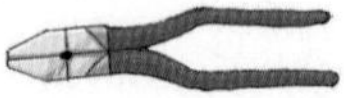

□ انبر
펜치 안보르

□ قیچی
가위 께이치

□ اره 톱 아레

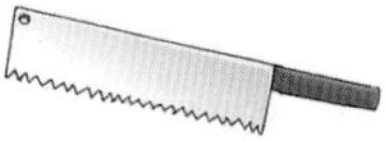

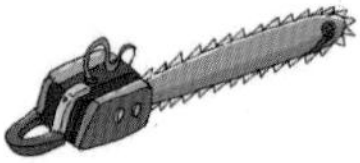

□ اره ی برقی
전기톱 아레예 바르끼

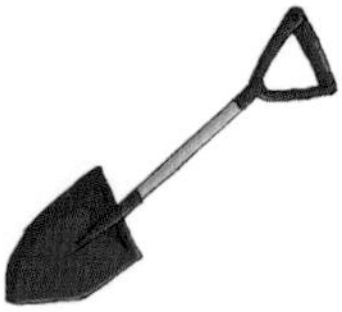

□ بیل 삽 빌

□ تبر
도끼 타바르

□ چکش
망치 차코쉬

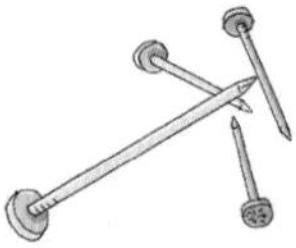

□ میخ 못 미크

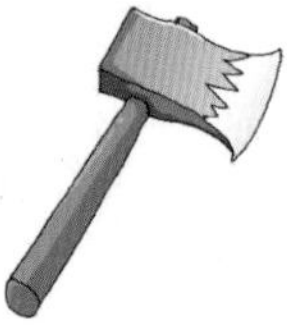

او با چکش روی دیوار میخی زد.
우 버 차코쉬 루예 디버르 미키 자드.
그는 벽에 망치로 못을 박았다.

□ نردبان 사다리 나르데반

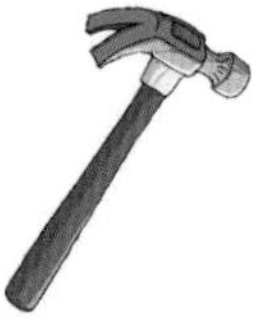

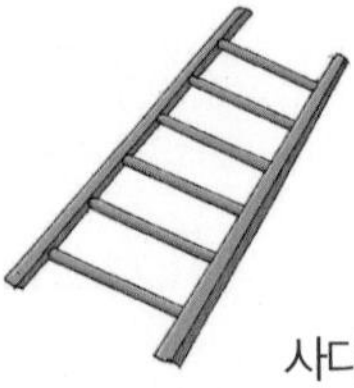

□ خاک انداز 커크 안더즈 쓰레받기

با جارو آشغال را در خاک انداز جمع کردم.

버 저루 어쉬껄 러 다르 커크 안더즈 잠 캬르담.
(버 저루 어쉬껄로 다르 커크 안더즈 잠 캬르담.)
나는 쓰레받기에 빗자루로 쓰레기를 쓸어 담았다.

□ جارو 저루
빗자루

관련 단어

□ چهارسو 처허르쑤 십자 드라이버
□ متر 메트르 줄자
□ سیم 씸 철사
□ کلنگ 콜랑그 곡괭이
□ چسب 차습 풀, 접착제
□ کیسه ی پلاستیکی 키쎄예 펠러스티키 비닐 봉지
□ پریز برق 프리제 바르끄 콘센트
□ چوب لباسی 춥 레버씨 옷걸이
□ سطل فلزی 싸틀레 펠레지 양동이
□ نخ 나크 실
□ سوزن 쑤잔 바늘
□ دستمال 다스트멀 걸레

복습문제 سوالات مروری

1 다음 빈칸에는 알맞은 이란어를 써넣고, 이란어는 해석해 보세요.

a) 나는 아파트에 삽니다.

من در ________ زندگی می کنم.

b) 저택 ________.　　　　c) اجاره ________

2 다음 단어를 이란어 혹은 우리말로 고쳐 보세요.

a) 지붕 ________　　　　앞마당 ________

다락 ________　　　　정원 ________

b) سقف ________　　　　صندلی راحتی ________

کف اتاق ________　　　　پنکه ________

c) آینه ________　　　　صابون ________

وان حمام ________　　　　خمیر دندان ________

d) 침대 ________　　　　베개 ________

옷장 ________　　　　서랍 ________

3 다음 그림과 단어를 연결해 보세요.

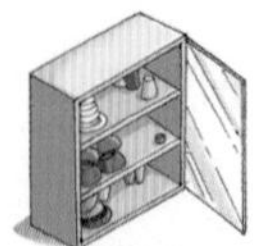

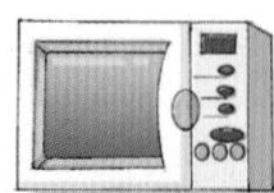

کتری　　مایکرو فر　　ملاقه　　کابینت　　کاسه

4 다음 보기에서 단어를 골라 빈칸에 써넣어 보세요.

میخ	اسباب بازی	تاب	گهواره
خرس عروسکی	چکش	نردبان	اره

a) 그네 ______________ 요람 ______________

장난감 ______________ 곰인형 ______________

b) 톱 ______________ 망치 ______________

못 ______________ 사다리 ______________

1 a) آپارتمان b) خانه ی بزرگ c) 집세

2 a) پشت بام حیاط جلوی خانه اتاق زیر شیروانی باغ

b) 천장 안락의자 마루 선풍기

c) 거울 비누 욕조 치약

d) تخت خواب بالش کمد لباس کشو

3 찬장 – کابینت, 주전자 – کتری, 전자레인지 – مایکرو فر,

그릇 – کاسه, 국자 – ملاقه

4 a) تاب گهواره اسباب بازی خرس عروسکی

b) اره چکش میخ نردبان

THEMATIC IRANIAN WORDS

Theme 3

اعداد 아더드 수

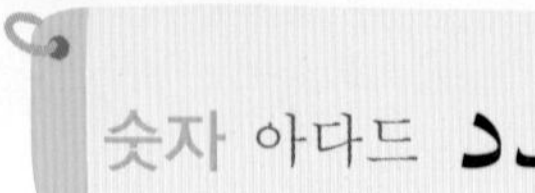

숫자 아다드 عدد

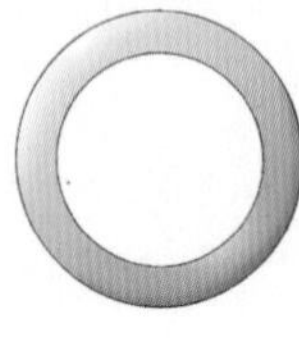

□ 1 یک / ۱ 예크

□ 2 دو / ۲ 도

□ 3 سه / ۳ 쎄

□ 0 صفر / ۰ 쎄프르

□ 4 چهار / ٤ 처허르

□ 5 پنج / ٥ 판즈

□ 6 شش / ٦ 셰쉬 (쉬쉬)

□ 7 هفت / ۷ 하프트

□ 8 هشت / ۸ 하쉬트

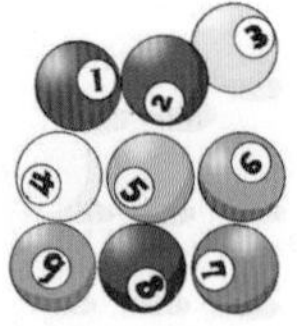

□ 9 نه / ۹ 노흐

□ 10 ده / ۱۰ 다흐

□ 11 یازده / ١١ 여즈다흐
□ 12 دوازده / ١٢ 다버즈다흐
□ 13 سیزده / ١٣ 씨즈다흐
□ 14 چهارده / ١٤ 처하르다흐
□ 15 پانزده / ١٥ 펀즈다흐(푼즈다흐)
□ 16 شانزده / ١٦ 션즈다흐(슌즈다흐)
□ 17 هفده / ١٧ 헤프다흐(히브다흐)
□ 18 هجده / ١٨ 헤즈다흐(히즈다흐)
□ 19 نوزده / ١٩ 누즈다흐
□ 20 بیست / ٢٠ 비스트

□ 30 سی / ٣٠ 씨
□ 40 چهل / ٤٠ 체헬
□ 50 پنجاه / ٥٠ 판저흐
□ 60 شصت / ٦٠ 샤스트
□ 70 هفتاد / ٧٠ 하프터드
□ 80 هشتاد / ٨٠ 하쉬터드
□ 90 نود / ٩٠ 나바드
□ 100 صد / ١٠٠ 싸드

□ 1.000 هزار ١٠٠٠ 헤저르
□ 10.000 ده هزار ١٠٠٠٠ 다흐 헤저르
□ 100.000 صد هزار ١٠٠٠٠٠ 싸드 헤저르
□ 1.000.000 یک میلیون ١٠٠٠٠٠٠ 옉 밀리운
□ 10.000.000 ده میلیون ١٠٠٠٠٠٠٠ 다흐 밀리운

□ 0,3 صفر ممیز سه 쎄프르 모마예제 쎄
□ 1/5 یک پنجم 옉 판좀
□ 70% هفتاد در صد 하프터드 다르 싸드

관련 단어

- عدد زوج 짝수 아다데 조즈
- عدد فرد 홀수 아다데 파르드
- عدد اصلی 기수 아다데 아쓸리
- عدد ترتیبی 서수 아다데 타르티비
- عدد کسری 분수 아다데 캬쓰리
- از ~ بزرگتر بودن ~보다 크다 아즈 ~ 보조르그타르 부단
- از ~ کوچکتر بودن ~보다 작다 아즈 ~ 쿠첵타르 부단
- با ~ مساوی بودن ~와 같다 버 ~ 모써비 부단
- با ~ مساوی نبودن ~와 같지 않다 버 ~ 모써비 나부단
- شمردن 세다 쇼모르단
- حساب کردن 계산하다 헤썹 캬르단
- دو برابر 두 배 도 바러바르
- میانگین 평균 미연긴

A: شماره ی تلفنت را می دهی؟
쇼머레예 텔레포네트 러 미다히? (쇼머레예 텔레포네트로 미디?)
네 전화번호 좀 가르쳐 줄래?

B: آره. صفر نهصد و دوازده، دویست و پنجاه، چهل و شش، سیزده.
어레. 쎄프르 노싸도 다버즈다흐, 디비스토 판저흐, 체헬로 쉬쉬, 씨즈다흐.
응, 0912-250-4613이야.

A: اه، یک مداد هم ندارم. می شود مدادت را قرض بدهی؟
아, 옉 메더드 함 나더람. 미 샤바드 메더다트 러 까르즈 베다히?
(아, 예 메더드 함 나더람. 미셰 메더데트로 까르즈 베디?)
이런, 연필이 한 자루도 없네. 좀 빌려줄 수 있니?

B: باشه. من سه تا دارم. بفرمایید.
버셰. 만 쎄 터 더람. 베파르머이드.
그럴게. 난 세 자루나 있거든. 자, 여기 있어.

서수 아다데 타르티비 عدد ترتیبی

- □ اول 아발 첫 번째, 처음
- □ یکم 예콤 첫 번째
- □ دوم 도봄 두 번째
- □ سوم 쎄봄 세 번째
- □ چهارم 처허롬 네 번째
- □ پنجم 판좀 다섯 번째
- □ ششم 셰솜(쉬솜) 여섯 번째
- □ هفتم 하프톰 일곱 번째
- □ هشتم 하쉬톰 여덟 번째
- □ نهم 노홈 아홉 번째
- □ دهم 다홈 열 번째
- □ بیستم 비스톰 스무 번째
- □ سی ام 씨옴 서른 번째
- □ چهلم 체헬롬 마흔 번째
- □ پنجاهم 판저홈 쉰 번째

☐ **شصتم** 샤스톰 예순 번째

☐ **هفتادم** 하프터돔 일흔 번째

☐ **هشتادم** 하쉬터돔 여든 번째

☐ **نودم** 나바돔 아흔 번째

☐ **صدم** 싸돔 백 번째

☐ **هزارم** 헤저롬 천 번째

A: آپارتمان شما چند طبقه است؟
어퍼르테머네 쇼머 찬드 타바께 아스트?
(어퍼르테머네 쇼머 찬 타바께 아쓰?)
당신의 아파트는 몇 층짜리인가요?

B: ۲۰ طبقه است.
비스트 타바께 아스트. (비스트 타바께 아쓰.)
20층이에요.

A: خانه ی شما طبقه ی چندم است؟
커네예 쇼머 타바께예 찬돔 아스트?
(쿠네예 쇼머 타바께예 찬도메?)
당신의 집은 몇 번째 층이에요?

B: طبقه ی پنجم است.
타바께예 판좀 아스트. (타바께예 판조메.)
다섯 번째 층이에요.

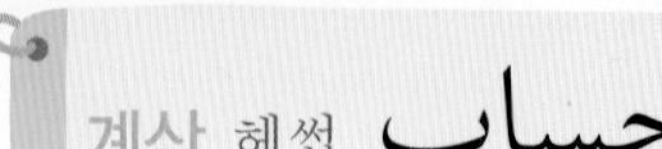

계산 헤썹 حساب

□ عرض
가로 아르즈

□ طول
세로 툴

□ مسافت
거리 마써파트

□ مساحت
넓이, 면적 마써하트

□ عمق
깊이 옴끄

□ ارتفاع
높이 에르테퍼

□ وزن
무게 바즌

□ ضخامت
두께 제커마트

□ حجم
부피 하즘

□ سرعت
속도 쏘르아트

관련 단어

- □ اندازه 크기 안더제
- □ درازا 길이 데러저
- □ سایز 치수 싸이즈
- □ به علاوه 덧셈 베 알러베
- □ منها 뺄셈 멘허
- □ ضرب 곱셈 자릅
- □ تقسیم 나눗셈 탁씸
- □ متر 미터 메트르
- □ متر مربع 평방미터, 제곱미터 메트레 모랍바
- □ گرم 그램 게람
- □ تن 톤 톤
- □ لیتر 리터 리트르
- □ مایل 마일 마일
- □ میلی متر 밀리미터 밀리 메트르
- □ سانتی متر 센티미터 싼티 메트르
- □ کیلو متر 킬로미터 킬루 메트르

도형 셰클레 헨데씨 شکل هندسی

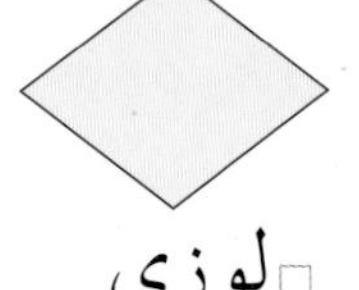

□ دایره 더예레 원

صورتم مثل دایره گرد است.

쑤라탐 메쓸레 더예레 게르드 아스트.

(쑤라탐 메쓸레 더예레 게르데.)

내 얼굴은 원처럼 동그랗다.

□ لوزی

마름모 로지

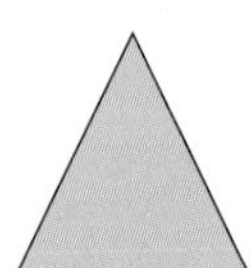

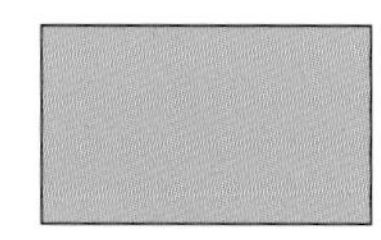

□ مثلث 모쌀라쓰 삼각형

□ مستطیل

직사각형 모스타틸

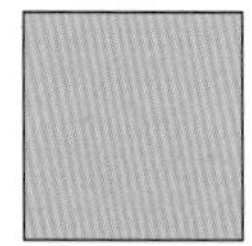

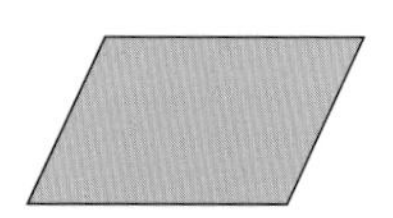

□ مربع 모랍빠 정사각형

اندازه ی چهار ضلع مربع یکسان است.

안더제예 처허르 젤레 모랍바 옉썬 아스트.

(안더제예 처허르 젤레 모랍바 옉써네.)

정사각형은 네 변의 길이가 같다.

□ متوازی الاضلاع

모타버지올아즐러

평행사변형

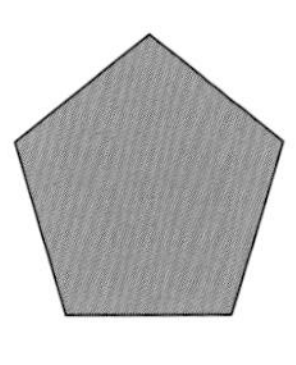

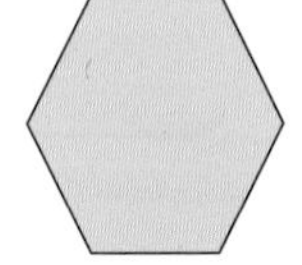

□ پنج ضلعی
오각형 판즈 젤이

□ شش ضلعی 육각형 세쉬 젤이

کندوی عسل شش ضلعی است.
칸두예 아쌀 세쉬 젤이 아스트.
(칸두예 아쌀 쉬쉬 젤이에.)
벌집은 육각형이다.

□ مکعب
정육면체 모캬압

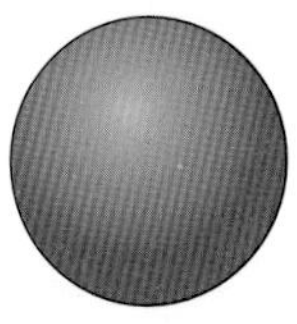

□ بیضی 타원형 베이지

□ کره 구 코레

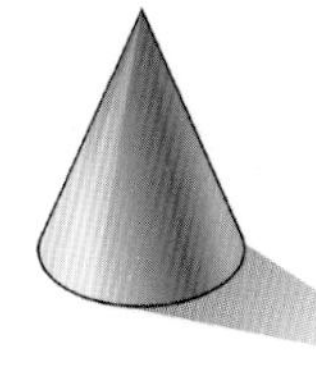

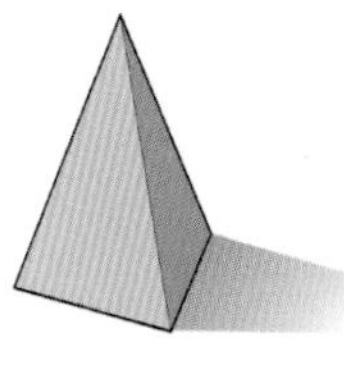

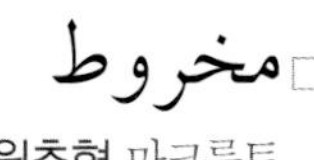

□ استوانه
원기둥 오스테버네

□ مخروط
원추형 마크루트

□ هرم
각뿔 헤람

달력 타끄빔 تقويم

계절 파쓸 فصل

□ بهار
봄 바허르

□ تابستان
여름 터베스턴

□ پاییز
가을 퍼이즈

□ زمستان
겨울 제메스턴

관련 단어

□ چهار فصل
사계절 처허르 파쓸

월 머흐 ماه

□ژانویه 전비예 1월
□فوریه 페브리예 2월
□مارس 머르쓰 3월
□آوریل 어브릴 4월
□مه 메 5월
□ژوئن 주안 6월
□ژوییه 주이예 7월
□اوت 우트 8월
□سپتامبر 셉탐브르 9월
□اکتبر 옥토브르 10월
□نوامبر 노범브르 11월
□دسامبر 데썸브르 12월

ماه های تقویم هجری شمسی
머흐허예 타끄비메 헤즈리예 샴씨 **이란력의 월**

□فروردین 파르바르딘
1월(3월 21일~4월 20일)

□اردیبهشت 오르디베헤쉬트
2월(4월 21일~5월 21일)

□خرداد 코르더드
3월(5월 22일~6월 21일)

□تیر 티르
4월(6월 22일~7월 22일)

□مرداد 모르더드
5월(7월 23일~8월 22일)

□شهریور 샤흐리바르
6월(8월 23일~9월 22일)

□مهر 메흐르
7월(9월 23일~10월 22일)

□آبان 어번
8월(10월 23일~11월 21일)

□آذر 어자르
9월(11월 22일~12월 21일)

□دی 데이
10월(12월 22일~1월 20일)

□بهمن 바흐만
11월(1월 21일~2월 19일)

□اسفند 에스판드
12월(2월 20일~3월 20일)

이란 문화 엿보기 | 이란의 달력

이란에서는 세 종류의 달력이 사용된다. 우리가 사용하고 있는 그레고리안력(میلادی 밀러디)과 이슬람력(هجری قمری 헤즈리예 까마리), 이란 고유의 달력(هجری شمسی 헤즈리예 샴씨)이 바로 그것이다.
이란력과 이슬람력은 모두 예언자 무함마드가 메카에서 메디나로 이주(헤지라)한 622년을 원년으로 삼고 있지만, 이슬람력은 태음력인 반면, 이란력은 태양력이다.
이란력과 이슬람력의 가장 큰 차이는 이란력에는 조로아스터교 문화가 담겨 있다는 것이다. 이란의 첫 번째 달, 새해는 이슬람 이전의 전통대로 봄이 시작되는 춘분을 그 시작으로 한다. 3월 20일 혹은 21일경이 이란의 새해 첫날에 해당된다. 이란력 각 월(月)의 명칭은 조로아스터교에 그 기원을 두고 있는데, 조로아스터교의 신과 천사의 이름으로 지정되어 있다. 오늘날 사용되는 이란력의 기본 틀은 1079년 이란의 위대한 천문학자이자 시인인 오마르 카이얌이 세운 것으로 알려져 있다.
이란 방문 시에는 이란력을 숙지해 두는 것이 편리하다. 모든 식품의 유효기간, 문서의 날짜 등이 모두 이란력으로 표기가 된다. 이란의 날짜는 우리의 표기법과 마찬가지로 연/월/일의 순서로 적는다. 예를 들어, 1390년(2011년: 2011-621 = 1390) Bahman월의 20일은 1390/11/20(۱۳۹۰/۱۱/۲۰)으로 표시한다.
이란력 1월~6월은 각각 31일씩이며, 7월~11월은 30일이다. 마지막 12월은 평년일 경우 29일, 윤년일 경우 30일이다.

특별한 날 루제 비제 روز ویژه

□ نوروز 설 노루즈

هر نوروز من به زادگاه خودم می روم.

하르 노루즈 만 베 저드거헤 코담 미라밤.

(하르 노루즈 베 저드거헤 코담 미람.)

설이면 나는 고향에 간다.

□ رمضان

라마단 라메전

□ كريسمس 크리스마스 크리스마스

□ ولنتاين

밸런타인데이 발렌터인

□ روز تولد

생일 루제 타발로드

관련 단어

- عید 에이드 명절
- سالگرد 썰갸르드 기념일
- سال نو 썰레 노 신년, 새해
- عید فطر 에이데 페트르 단식 끝내는 기념일
- روز بزرگداشت انقلاب اسلامی 루제 보조르그더쉬테 엥겔러베 에슬러미 /۲۲ بهمن 비스토 도예 바흐만
  이슬람 혁명기념일
- ولادت امام مهدی 벨러다테 에멈 마흐디 메흐디 탄생일
- عاشورا 어슈러 아슈라(모하람 10일: 이맘 호세인 순교일)
- روز مادر 루제 머다르 어머니의 날
- روز معلم 루제 모알렘 스승의 날

روزهای هفته 루즈허예 하프테 요일

- شنبه 샴베 토요일
- یکشنبه 옉샴베 일요일
- دوشنبه 도샴베 월요일
- سه شنبه 쎄샴베 화요일
- چهارشنبه 처허르샴베 수요일
- پنجشنبه 판즈샴베 목요일
- جمعه 좀에 금요일

이란 문화 엿보기 | 이란의 명절

노루즈

노루즈는 '새로운(نو 노)'와 '날(روز 루즈)'의 합성어로 새로운 날, 즉 이란의 새해가 시작되는 날이다. 이란의 새해는 봄이 시작되는 춘분, 대략 3월 21일경에 시작된다. 고대 페르시아에서부터 내려오는 이 명절은 현재 이란에서 공휴일로 지정하고 있는 유일한 조로아스터 축제이다. 사람들은 노루즈 전부터 집안 청소, 새 옷 구입 등 노루즈를 위한 준비를 하며, 노루즈 기간에는 보통 가족과 함께 음식을 나누고, 여행을 떠나기도 한다. 연휴는 대략 2주 가량이다.

노루즈에서 가장 중요한 전통 중 하나는 '하프트 씬(هفت سین)' 상차림이다. '하프트'는 7을 의미하며, '씬(س)'은 이란어 문자 중 15번째 알파벳이다. 이 상차림에는 알파벳 '씬'으로 시작되는 7가지가 포함되며, 이들은 각각 상징하는 의미가 있다. '사과(سیب 씨브: 미와 건강)', '동전(سکه 쎄케: 번영)', '마늘(سیر 씨르: 약)', '식초(سرکه 쎄르케: 노년과 인내)', '풀(سبزه 싸브제: 부활)', 향신료의 일종인 '쏘먹(سماق 쏘먹: 일출)', '싸마누(سمنو 밀로 만든 푸딩의 일종: 풍요)'이 그 예이다. 하프트 씬 이외에도 어항에 담긴 금붕어(생명), 거울(깨끗함, 정직), 계란(보통 가족 구성원 수대로 놓는다, 생식력), 양초(깨우침과 행복) 등과 코란, 때로는 이란의 고전 시인의 시집(주로 허페즈 시집)이 노루즈 상차림에 놓인다.

이슬람 혁명 기념일

이란력 바흐만월 22일(대략 2월 11일)은 이슬람 혁명 기념일이다.

민족주의자였던 팔레비왕이 백색혁명이라는 현대화 개혁정치를 펼치면서 시민들에게 지나치게 과세를 부과하고, 성직자들의 위상에도 위협을 가했다. 이에 오랫동안 경제적 · 사회적으로 불만이 쌓였던 이란 국민들은 호메이니의 주도 하에 친미 정권의 왕조를 전복시키고, 새로운 이슬람 공화국을 건설하였다.

바흐만 22일이 되면 일부 시민들은 '마르그 바르 엄리카 (مرگ بر آمریکا 미국에게 죽음을), 마르그 바르 에스러일(مرگ بر اسرائیل 이스라엘에게 죽음을)'이라는 구호를 외치면서 행진을 하기도 한다.

이란 문화 엿보기 | 이란의 명절

라마단

라마단은 이슬람력의 9번째 달로서, 이란어 발음으로는 '라마전', 혹은 '라메전'이 된다. 이 달은 금식하는 달로 해가 뜨는 순간부터 질 때까지 먹고, 마시는 등의 활동을 자제하고 금욕을 행해야 한다. 원칙적으로는 침을 삼키는 것까지 자제해야 한다고 한다. 수영장들도 라마단 기간에는 문을 닫거나 아쿠아로빅 과정을 위해서만 잠깐 문을 열기도 한다. 수영을 하면서 의도하지 않게 물을 먹을 수도 있기 때문이다. 여행자들과 환자들은 먹고 마실 수 있지만, 길에서 먹는 것은 피해야 한다.
라마단 기간 동안 해가 지고 나면 '에프터르(افطار)'라고 부르는 그 날의 금식을 멈추는 일종의 잔치를 즐기는데, 가족들과 혹은 이웃들과 함께 음식을 나눈다.
라마단은 '에이데 페트르(عيد فطر)'를 마지막으로 끝난다. 이때는 이틀간의 휴일을 갖고 역시 주변 사람들과 음식을 나누며 잔치를 벌인다.
무슬림들은 라마단 기간의 금식을 통해서 인내심과 자제심을 키울 수 있고, 배고픈 이웃들의 고통을 함께 느끼고, 나눌 수 있다고 생각한다. 그렇게 함으로써 하느님 앞에 모든 사람이 평등하다는 마음가짐을 가질 수 있다.

시간 자먼 زمان

ساعت □ 시 써아트 → دقیقه □ 분 다끼께 → ثانیه □ 초 써니예

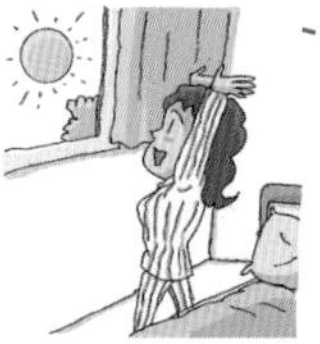

صبح □ 아침 쏩

ظهر □ 정오 조흐르

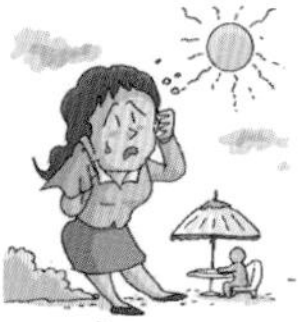

روز □ 낮 루즈

بعد از ظهر □ 오후 바드 아즈 조흐르

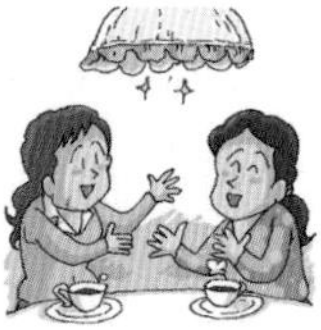

عصر □ 아쓰르

غروب 저녁 꼬룹

امروز غروب با دوستم قرار دارم.

엠루즈 꼬룹 버 두스탐 까러르 더람.

오늘 저녁에 친구와 만나기로 했다.

شب □ 밤 샵

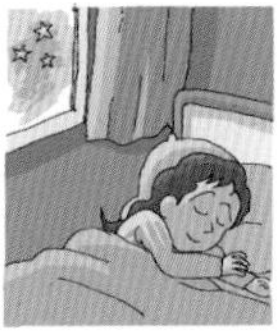

نیمه شب □ 한밤중, 심야 니메샵

سپیده دم □ 쎄피데 담

سحر 새벽 싸하르

□ پریروز 파리루즈 그저께

پدر و مادرم پریروز به فرانسه رفتند.

페다르 바 머다람 파리루즈 베 파런쎄 라프탄드.

(페다로 머다람 파리루즈 베 파런쎄 라프탄.)

아빠와 엄마는 그저께 프랑스에 가셨어요.

□ دیروز 디루즈
어제

□ امروز 엠루즈
오늘

□ فردا 파르더
내일

□ پس فردا 파쓰 파르더 모레

관련 단어

□ تاریخ 터리크 날짜

□ روز کاری 루제 커리 평일

□ آخر هفته 어카레 하프테 주말

□ قرن 까른 세기

□ گذشته 고자쉬테 과거

□ حال 헐 현재

□ آینده 어얀데 미래

□ الان 알런 지금
□ بعدا 바단 나중
□ همین الان 하민 알런 방금
□ از این به بعد 아즈 인 베 바드 이제부터
□ مدام 모덤 계속, 줄곧
□ گاهی 거히 때때로, 이따금, 가끔
□ اول /아발 اولین / 아발린 نخست 노코스트
제1, 첫 번째, 처음
□ نخست 노코스트 / نخستین 노코스틴 최초
□ آخر 어카르 / آخرین 어카린 마지막
□ لحظه 라흐제 순간
□ هفته ی گذشته 하프테예 고자쉬테 지난주
□ این هفته 인 하프테 이번 주
□ هفته ی آینده 하프테예 어얀데 다음 주
□ هرروز 하르 루즈 매일
□ هر هفته 하르 하프테 매주
□ هر ماه 하르 머흐 매월
□ هر سال 하르 썰 매년

□ساعت چهار صبح

오전 4시 써아테 처허레 쏩

□ساعت سه و ربع بعد از ظهر

오후 3시 15분 써아테 쎄 오 로베 바드 아즈 조흐르

□ 2:30 دو و نیم 2시 반 도호 님

□ 9:05 نه و پنج دقیقه 9시 5분 노호 판즈 다끼께

□ 3:45 سه و چهل و پنج دقیقه

3시 45분 쎄오 체헬로 판즈 다끼께

□یک ربع به چهار 4시 15분 전 예크 롭 베 처허르

مکالمه

A: شنبه با هم برویم بگردیم.

샴베 버함 베라빔 베갸르딤. (샴베 버함 베림 베갸르딤.)

토요일에 나랑 같이 놀러 가요.

B: جداً؟ جالب می شود.

제딴? 절렙 미샤바드. (제딴? 절렙 미셰.)

정말요? 재미있겠네요!

A: کی بیایم دنبالتان؟

케이 비어얌 돈벌레턴? (케이 비엄 돈벌레툰?)

언제 데리러 갈까요?

B: تقریبا ساعت ده صبح بیایید، لطفا.

타끄리반 써아테 다헤 쏩 비어이드, 로트판.

(타끄리반 써아테 다헤 쏩 비어인, 로트판.)

오전 10시쯤 와 주세요.

복습문제 سوالات مروری

1 다음 숫자를 이란어로 써보세요.

a) 14 ________________ b) 67 ________________

c) 134 ________________ d) 2233 ________________

2 다음 단어의 뜻을 써 보세요.

a) مساحت ____________

b) وزن ________________

c) مسافت________________

3 다음 그림과 단어를 연결해 보세요.

مربع دایره پنج ضلعی مثلث

4 다음 빈칸에 알맞은 이란어를 써넣어 보세요.

a) 수요일 ______________ 토요일 شنبه

b) 어제 دیروز — 오늘 _______ — 내일 فردا

c) 지금 ______________ 나중 ______________

5 다음 시간을 이란어로 써보세요.

a) 2시 15분 ____________________

b) 2시 8분 전 ____________________

c) 8시 정각 ____________________

d) 9시 반 ____________________

1 a) چهارده

b) شصت و هفت

c) صد و سی و چهار

d) دو هزاز و دویست و سی و سه

2 a) 넓이 b) 무게 c) 거리

3 원 – دایره 삼각형 – مثلث 정사각형 – مربع 오각형 – پنج ضلعی

4 a) چهارشنبه

b) امروز

c) الان بعدا

5 a) دو و ربع

b) هشت دقیقه به دو

c) سر ساعت هشت

d) نه و نیم

Theme 4

شهر 샤흐르 도시

Unit 01	مرکز شهر	시내
Unit 02	اداره ی پست	우체국
Unit 03	بیمارستان	병원
Unit 04	داروخانه	약국
Unit 05	بیماری	질병
Unit 06	بانک	은행
Unit 07	فست فود	패스트푸드
Unit 08	رستوران	레스토랑
Unit 09	غذای ایرانی	이란 요리
Unit 10	هتل	호텔
Unit 11	مدرسه	학교
Unit 12	درس	과목
Unit 13	کلانتری	경찰서
Unit 14	دین	종교

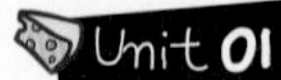

시내 마르캬제 샤흐르 مرکز شهر

☐ آپارتمان
아파트 어퍼르테먼

☐ مدرسه
학교 마드레쎄

☐ کتابخانه
도서관 케텁커네

☐ آگاهی 어거히
경찰서 칼런타리 کلانتری

☐ سینما
영화관 씨나머

☐ پاساژ 퍼싸쥐 백화점

☐ تابلو
간판 터블로

☐ مغازه
가게 마꺼제

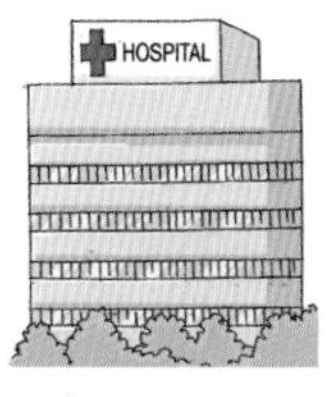

□ بیمارستان
병원 비머레스턴

□ اداره ی پست
우체국 에더레예 포스트

□ داروخانه
약국 더루커네

관련 단어

□ برج 탑, 타워 보르즈

□ آسمان خراش 고층 건물 어쎄먼 카러쉬

□ ساختمان 빌딩 써크테먼

□ موزه 박물관 무제

□ نگارخانه 미술관 네거르 커네

□ کارخانه 공장 커르 커네

□ کتاب فروشی 서점 케텁 포루쉬

□ فروشگاه محصولات الکترونیکی
전자 상가 포루쉬거헤 마흐쑬러테 엘렉트로니키

□ ایستگاه قطار 기차역 이스트거헤 까터르

□ فروشگاه 대형 마트 포루쉬거

Unit 02

우체국 에더레예 포스트 اداره ی پست

□ کارمند 직원 커르만드

کارمند باجه ی ۳، بسته ی من را دریافت کرد.

커르만데 버제예 쎄, 바스테예 만 러 다르여프트 캬르드.
(커르만데 버제예 쎄, 바스테예 마노 다르여프트 캬르드.)
3번 창구의 우체국 직원이 내 소포를 접수했다.

□ پستچی
집배원 포스트치

□ نامه
편지 너메

□ تمبر
우표 탐브르

□ کد پستی
우편번호 코데 포스티

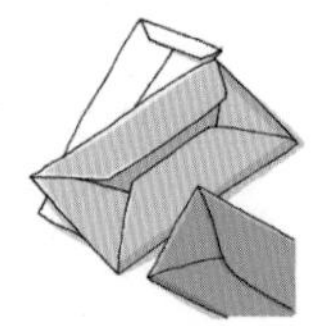

□ پاکت نامه
편지 봉투 퍼캬테 너메

□ صندوق پستی
우체통 싼도게 포스티

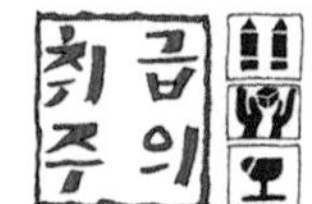

□ شکستنی
(취급) 주의 세캬스타니

관련 단어

□ باجه (~번) 창구 버제
□ ترازو 저울 타러주
□ کرایه ی پستی 우편 요금 케러예예 포스티
□ آدرس 주소 어드레쓰
□ مهر پستی 소인 모흐레 포스티
□ پست کردن 포스트 캬르단 / فرستادن 우송 페레스터단
□ بسته ی پستی 소포 바스테예 포스티
□ پست سفارشی 등기우편 포스테 쎄퍼레쉬
□ پست پیشتاز 속달 포스테 피쉬터즈

병원 비머레스턴 بیمارستان

□ بخش دندان پزشکی
치과 박셰 단던 페제쉬키

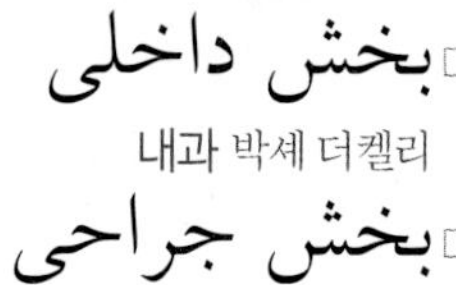

□ بخش داخلی
내과 박셰 더켈리

□ بخش جراحی
외과 박셰 자러히

□ بخش گوش و حلق و بینی
박셰 구쇼 할꼬 비니
이비인후과

□ بخش پوست
피부과 박셰 푸스트

□ بخش اطفال 소아과 박셰 아트펄

بچه ام تب داشت. رفتم پیش دکتر اطفال.

바체암 탑 더쉬트. 라프탐 피셰 독토레 아트펄.
아이가 열이 나서 소아과에 다녀왔다.

□ بخش روان پزشکی
정신과 박셰 라번 페제쉬키

□ بخش زنان و زایمان
산부인과 박셰 자넌 바 저예먼

□ دکتر 독토르
پزشک 의사 페제쉬크
دکتر گفت استراحت کنید. به حرفش گوش کنید.
독토르 고프트 에스테러하트 코니드. 베 하르페쉬 구쉬 코니드.
(독토르 고프트 에스테러하트 코닌. 베 하르페쉬 구쉬 코닌.)
의사 선생님이 쉬라고 했어요. 말을 들으세요.

□ پرستار
간호사 파라스터르

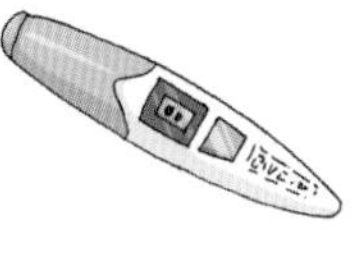

□ دماسنج
체온계 다머싼쥐

□ آمپول زدن 주사를 놓다[맞다] 엄풀 자단

1 인간 2 가정 3 수 4 도시 5 교통 6 업무 7 쇼핑 8 스포츠·레저 9 자연

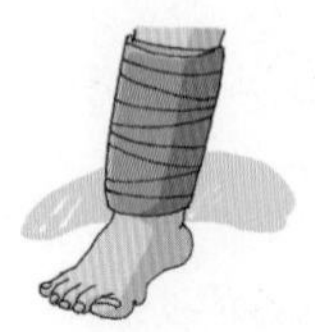

□ آتل 어텔 깁스

□ عصا 아써 목발

□ ویلچر 윌체르 휠체어

می گوید که یک ماه باید از عصا استفاده کنم.

미구야드 케 옉 머흐 버야드 아즈 아써 에스테퍼데 코남.

(미게 케 예 머 버야드 아즈 아써 에스테퍼데 코남.)

앞으로 한달 동안은 목발을 짚고 다녀야 한대.

관련 단어

□ بخش مجاری ادراری 박셰 마저리예 에드러리 비뇨기과

□ بخش ارتوپدی 박셰 오르토페디 정형외과

□ بخش زیبایی و جراحی پلاستیک 박셰 지버이 바 자러히에 펠러스틱 성형외과

□ بخش چشم پزشکی 박셰 체쉼 페제쉬키 안과

□ آمبولانس 엄불런쓰 구급차

□ پرسنل اورژانس 페르스넬레 우르전쓰 응급 구조 요원

- مریض 환자 마리즈
- معاینه کردن 진찰하다 모어예네 캬르단
- درمان کردن 치료하다 다르먼 캬르단
- ضد عفونی کردن 소독하다 제떼 오푸니 캬르단
- عمل کردن 수술하다 아말 캬르단
- سرم زدن 링거액을 주사하다 쎄롬 자단
- برگه ی تشخیص پزشکی
  진단서 바르게예 타쉬키쎄 페제쉬키
- نسخه 처방전 노스케
- معاینه ی پزشکی 건강진단 모어예네예 페제쉬키

A: ایرانی ها هم عمل زیبایی زیاد می کنند؟
이러니허 함 아말레 지버이 지어드 미 코난드?
이란 사람들도 성형수술 많이 하니?

B: بله، خیلی.
발레 케일리.
응, 많이 해.

A: مخصوصا خیلی زیاد عمل بینی می کنند.
막쑤싼 케일리 지어드 아말레 비니 미코난드.
특히 코 수술을 많이 해.

약국 더루커네 داروخانه

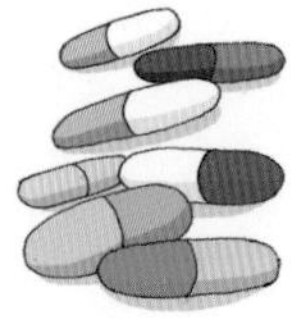

□ قرص 알약 꼬르쓰

خوردن قرص نسبتا راحت است.

코르다네 꼬르쓰 네스바탄 러하트 아스트.

(코르다네 꼬르쓰 네스바탄 러하테.)

알약은 비교적 먹기 편해요.

□ کپسول

캡슐 캅쑬

□ پماد 연고 포머드

روی زخم پماد بزنید.

루예 자큼 포머드 베자니드.

상처에 연고를 발라 주세요.

□ شربت 물약 샤르바트

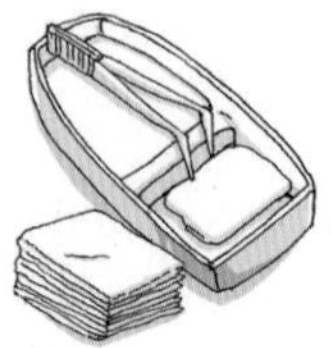

□ گاز 거즈 거즈

□ چسب زخم

일회용 밴드 챠스베 자큼

관련 단어

- □ داروساز 약사 더루써즈
- □ مقدار مصرف 복용량 메끄더레 마쓰라프
- □ دارو 약, 내복약 더루
- □ شیاف 좌약 쉬어프
- □ مسکن 진통제 모사켄
- □ قرص خواب آور 수면제 꼬르쎄 컵 어바르
- □ قرص آرام بخش 진정제 꼬르쎄 어럼 박쉬
- □ داروی ضد التهاب 소염제 더루예 제떼 엘테헙
- □ داروی ضد اسهال 설사약, 지사제 더루예 제떼 에쓰헐
- □ باند 붕대 번드
- □ عوارض جانبی 부작용 아버레제 저네비

1 인간 2 가정 3 수 4 도시 5 교통 6 업무 7 쇼핑 8 스포츠·레저 9 자연

질병 비머리 بیماری

□ احساس سرما کردن
오한이 들다 에흐써쎄 싸르머 캬르단

□ تب داشتن
열이 나다 탑 더쉬탄

□ آنفلوانزا 독감 언폴런저
او امروز بخاطر آنفلوانزا غیبت کرد.
우 엠루즈 베커테레 언폴런저 께이바트 캬르드.
그는 오늘 독감으로 결근했습니다.

□ سرماخوردگی
감기 싸르머코르데기

□ بالا آوردن 벌러 어바르단
استفراغ کردن 에스테프러끄 캬르단
구토하다

□ حالت تهوع داشتن
구역질하다 헐라테 타하보 더쉬탄

□ سردرد 두통 싸르다르드

□ حساسیت 하써씨야트
آلرژی 얼레르쥐
알레르기

□ خون دماغ
코피 쿤 다멱

□ سوختگی
화상 쑤크테기

□ تاول 물집 터발
کفش تازه را پوشیدم و روی پایم طاول زد.
캬프셰 터제 러 푸쉬담 바 루예 퍼얌 터발 자드.
(캬프셰 터제로 푸쉬다모 루예 퍼얌 터발 자드.)
새 신을 신었더니 발에 물집이 생겼다.

□ زخم 상처 자큼
زخم باید کاملا خوب می شد.
자큼 버야드 커멜란 쿱 미쇼드.
상처가 깨끗하게 아물어야 할 텐데….

□ فشار خون بالا
고혈압 페셔레 쿠네 벌러

□ دندان پوسیده
충치 단더네 푸시데

관련 단어

- □ مریض شدن 마리즈 쇼단 병이 나다
- □ ویروس 비루쓰 병균
- □ سرطان 싸라턴 암
- □ دیابت 디어베트 당뇨병
- □ التهاب کبد 엘테허베 캬벧 간염
- □ چاقی 처끼 비만증
- □ کم خونی 캼 쿠니 빈혈
- □ میگرن 미그렌 편두통
- □ کمر درد 캬마르 다르드 요통
- □ دل درد 델다르드 복통
- □ مسمومیت غذایی 마쓰무미야테 까저이 식중독
- □ سوءهاضمه 쑤에 허제메 소화불량
- □ یبوست 요부싸트 변비
- □ آنفلوانزای مرغی 언폴런저예 모르기
  조류 독감, 조류 인플루엔자
- □ اسهال 에쓰헐 설사
- □ خونریزی 쿤리지 출혈

□ سرفه 기침 쏘르페
□ عطسه 재채기 아트쎄
□ نابینا بودن 눈이 멀다 너비너 부단
□ ناشنوا بودن 귀가 들리지 않다 너셰나버 부단

A: علائم کم خونی شما چطور است؟
알러예메 캼 쿠니예 쇼머 체토르 아스트?
(알러예메 캼 쿠니예 쇼머 체토레?)
빈혈 증세는 좀 어때요?

B: همان است که بود. امکان ندارد زود خوب بشود.
하먼아스트 케 부드. 엠컨 나더라드 주드 쿱 베샤바드.
(하무네 케 부드. 엠컨 나더레 주드 쿱 베셰.)
그저 그렇죠, 뭐. 금방 좋아질 리가 없잖아요.

A: پس دارو را مرتب مصرف کنید.
파쓰 더루 러 모라탑 마쓰라프 코니드. (파쓰 더루로 모라탑 마쓰라프 코닌.)
그러니 약 좀 잘 챙겨 먹어요.

B: دارم مرتب می خورم. نگران نباشید.
더람 모라탑 미코람. 네가런 나버쉬드.
잘 먹고 있어요. 걱정하지 마세요.

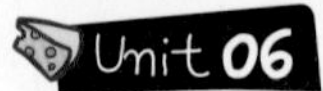

은행 벙크 بانک

□ کارمند بانک
은행 직원 커르만데 벙크

□ پلیس بانک
청원 경찰 폴리쎄 벙크

□ اسکناس
지폐 에스케너쓰

□ سکه
동전 쎄케

□ مبلغ
금액 마블락

□ چک 수표 체크

این چک را نقد کنید لطفا.

인 체크 러 나끄드 코니드 로트판.
(인 체크로 나끄드 코닌 로트판.)
이 수표를 현금으로 바꿔 주세요.

□ کارت اعتباری
신용카드 커르테 에테버리

کارت اعتباری گم شد.

커르테 에테버리 곰 쇼드.
신용카드를 분실했어요.

□ دفترچه ی حساب جاری
(예금) 통장 다프타르체예 헤써베 저리

관련 단어

- 현금 자동 입출금기, ATM 어베르 벙크 عابر بانک
- 업무 창구(~번) 버제 باجه
- 출납 버리즈 바 바르더쉬트 واریز و برداشت
- 고객 모쉬타리 مشتری
- 저금, 예금 파쓰 안더즈 پس انداز
- 대출금 버메 벙키 وام بانکی
- 계좌 헤썹 حساب
- 계좌 이체 엔테껄레 헤썹 انتقال حساب
- 계좌 번호 쇼머레예 헤썹 شماره ی حساب
- 은행 수수료 커르모즈데 벙키 کارمزد بانکی
- 비밀번호 쇼머레예 람즈 شماره ی رمز
- 서명하다, 사인하다 엠저 캬르단 امضا کردن
- 직불 카드 커르테 어베르 벙크 کارت عابر بانک
- 매월 납부 통지서 까브즈 قبض
- 납부하다 파르더크트 캬르단 پرداخت کردن

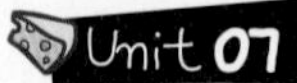

패스트푸드 파스트 푸드 فست فود

□ دونات
도넛 도너트

□ سیب زمینی سرخ کرده
씨브자미니에 쏘르크 캬르데
감자튀김, 프렌치프라이

□ همبرگر
햄버거 함베르게르

□ مرغ سوخاری
프라이드치킨 모르게 소커리

مرغ سوخاری اینجا خیلی خوشمزه است.
모르게 소커리에 인저 케일리 코쉬마제 아스트.
이 집 프라이드치킨 참 맛있어.

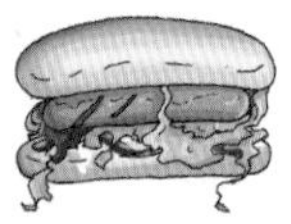

□ هات داگ
핫도그 헛더그

□ نی
빨대 네이

□ کولا
콜라 콜러

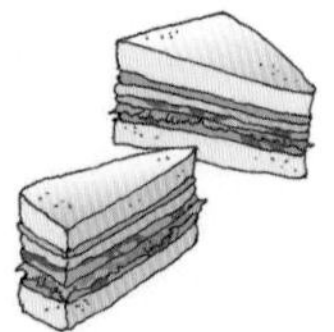

□ ساندویچ
샌드위치 썬드위츠

관련 단어

- □ میان وعده 미연 바데 간식
- □ پیتزا 피트저 피자
- □ نان تست 너네 토스트 토스트
- □ نوشیدنی 누쉬다니 음료
- □ میلک شیک 밀크 셰이크 밀크셰이크
- □ بستنی 바스타니 아이스크림

- □ مزه 마제 맛
- □ شیرین 쉬린 달콤한
- □ ترش 토르쉬 신
- □ شور 슈르 짠
- □ خوشمزه 코쉬마제 맛있는

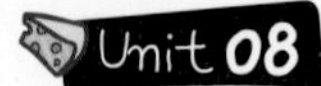

레스토랑 레스투런 رستوران

□ سوپ
수프 수프

□ استیک
스테이크 에스테이크

□ سالاد
샐러드 썰러드

□ اسپاگتی 스파게티 에스퍼게티

امروز برای نهار اسپاگتی چطور است؟
엠루즈 바러예 너허르 에스퍼게티 체토르 아스트?
(엠루즈 바러예 너허르 에스퍼게티 체토레?)
오늘 점심으로 스파게티 어때?

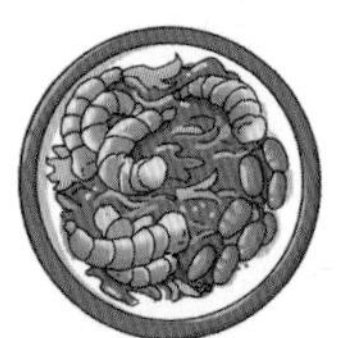

□ کاری 카레 커리

□ غذای دریایی
해산물 요리 꺼저예 다리어이

در ایران غذای دریایی زیاد نیست.
다르 이런 꺼저예 다리어이 지어드 니스트.
이란에는 해산물 요리가 많지 않다.

관련 단어

- غذا 요리 까저
- غذا سفارش دادن 요리를 주문하다 까저 세퍼레쉬 더단
- منوی بچگانه 어린이 메뉴 메노예 바체거네
- پیش غذا 애피타이저 피쉬 까저
- دسر 디저트 데쎄르
- باربیکیو 바비큐 버르비큐
- املت 오믈렛 옴렛
- خرچنگ دریایی 바닷가재 카르창게 다리어이
- منوی شام 저녁 메뉴 메노예 섬
- کباب 케밥 캬법
- برنج 밥 베렌즈 / چلو 첼로 / پلو 폴로
- دستمال سر سفره 냅킨 다스트멀레 싸레 쏘프레
- صورت حساب 계산서 쑤라트 헤썹

이란 요리 까저예 이러니 غذای ایرانی

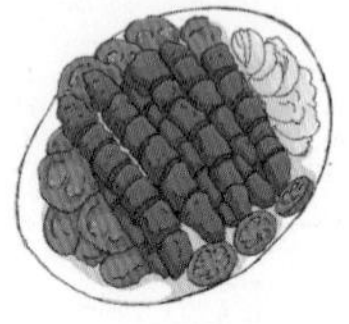

□ کوبیده
쿠비데(다진 고기로 만든 케밥의 일종)

□ جوجه کباب
주제 캬법(닭으로 만든 케밥)

□ قرمه سبزی
고르메 사브지(여러 가지 야채를 넣어 만든 스튜의 일종)

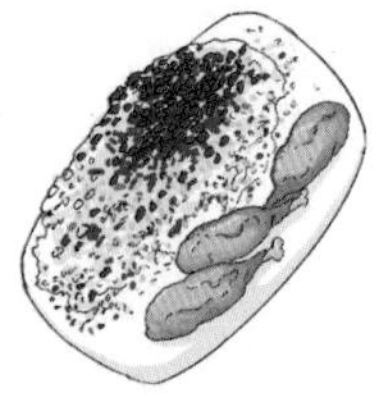

□ زرشک پلو
제레쉬크 폴로(제레쉬크라는 베리류의 열매와 함께 짓는 밥)

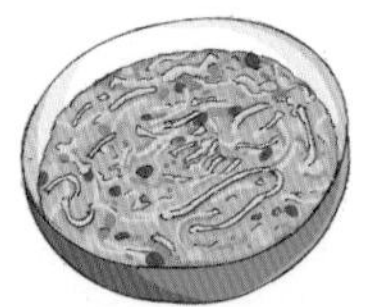

□ آش رشته
어쉬 레쉬테(수프의 일종)

□ شیشلیک
쉬실릭(양갈비 케밥)

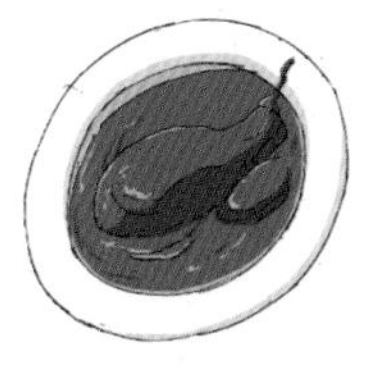

□ فسنجان
페센전(석류원액과 호두를 넣어 만든 스튜의 일종)

□ قيمه
게이메(고기, 토마토, 콩 등을 넣어 만든 스튜의 일종)

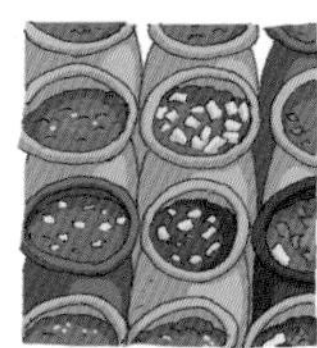

□ آب گوشت
업구쉬트(고기, 감자, 콩 등으로 만든 스튜의 일종–'디지'라고도 불림)

A: سفارش می دهید؟
세퍼레쉬 미다히드? (세퍼레쉬 미딘?)
주문하시겠어요?

B: دو پرس کباب بدهید.
도 포르스 캬법 베다히드. (도 포르스 캬법 베딘.)
케밥 2인분 주세요.

A: چه کبابی بدهم؟
체 캬버비 베다함? (체 캬버비 베담?)
어떤 케밥을 드릴까요?

B: جوجه کباب، لطفا.
주제캬법, 로트판.
주제케밥 주세요.

관련 단어

- □ ماست 머스트 머스트(요거트)
- □ فالوده 펄루데(얇게 잘린 면과 반쯤 얼린 시럽과 함께 먹는 디저트의 일종)
- □ نان بربری 너네 바르바리 바르바리 빵
- □ نان سنگک 너네 쌍갹 쌍갹 빵
- □ نان تافتون 너네 터프툰 터프툰 빵
- □ حلوا 할버 할버(디저트의 일종)
- □ شله زرد 숄레 자르드 숄레 자르드(푸딩의 일종)

مکالمه

A: چی بخوریم؟

치 보코림?

우리 뭐 먹을까?

B: نمی دانم، کوبیده بخوریم؟

네미더남. 쿠비데 보코림? (네미두남. 쿠비데 보코림?)

글쎄, 쿠비데나 먹을까?

A: هرروز فقط همان را می خوری؟

하르루즈 파까트 하먼 러 미코리? (하르루즈 파까트 하무노 미코리?)

맨날 그것만 먹니?

B: هیچ غذایی نمی شناسم. پس تو سفارش بده.

히취 까저이 네미 셰너쌈. 파쓰 토 쎄퍼레쉬 베데.

아는 음식이 없어. 그럼 네가 주문해 봐.

이란 문화 엿보기 | 이란의 음식 문화

이란 사람들은 자신들의 음식에도 상당한 자부심을 가지고 있다. 이란에서의 음식이란 단순히 배고픔을 채우고, 몸을 건강하게 하는 것 이상의 의미까지 지닌다. 이란의 대부분의 음식들도 한국의 전통 음식들과 같이 많은 시간과 노력을 요구하는데, 이때 가정에서 주로 음식을 만드는 여성들은 사랑과 정성과 시간을 쏟아 가족들이 먹을 음식을 준비한다. 이란 여성들의 가정 내에서의 권위와 힘이 이러한 여성들의 노력에서 나오는 것이라고들 한다. 한편, 이란 사람들은 적은 음식이라도 주변 사람들과 나누는 것을 예의라고 생각한다.

이란의 음식 문화에서 빼놓을 수 없는 것 중 하나는 쏘프레 (سفره) 문화이다. 쏘프레는 '식탁보'라는 뜻을 가지고 있는데, 가족이 모두 모이거나 손님을 집에 초대한 정찬자리에서 바닥에 쏘프레를 깔고 그 위에 음식을 놓고 둘러 앉아 식사를 한다. 이러한 자리를 통해 이란 사람들은 서로에게 친밀감과 유대감을 느낀다.

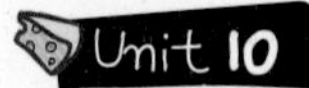

호텔 호텔 هتل

□ساختمان اصلی

본관 써크테머네 아쓸리

□ساختمان فرعی

별관 써크테머네 파르이

□لابی 로비 러비

زود بیا. الان تو لابی منتظرم.

주드 비어. 알런 투 러비 몬타제람.

빨리 와. 나 지금 로비에서 기다리고 있어.

□پذیرش

프런트 데스크 파지레쉬

ببخشید، آنجا پذیرش است؟

베박쉬드, 언저 파지레쉬 아스트?

(베박쉰, 운저 파지레쉐?)

실례합니다. 거기 프런트 데스크죠?

□چکین 체크인 체크인

□چک اوت 체크아웃 체크아웃

الان برای چک اوت آمدم.

알런 바러예 체크아웃 어마담. (알런 바러예 체크아웃 우마담.)

지금 체크아웃하려고 하는데요.

□ اتاق یک نفره

싱글룸 오터께 옉 나파레

□ اتاق دو نفره

트윈룸 오터께 도 나파레

□ انعام 팁 안엄

مرسی. این انعام شماست.

메르씨. 인 안엄에 쇼머스트.

(메르씨. 인 안어메 쇼머쓰.)

고마워요. 이건 팁이에요.

□ خدمتکار آقا

남종업원 케드마트커레 어거

□ خدمتکار خانم

여종업원 케드마트커레 커놈

관련 단어

- □ پنج ستاره ای 판즈 쎄터레이 오성급의, 특급의
- □ سرویس خدمات اتاق 쎄르비쎄 카다머테 오턱 룸서비스
- □ صندوق امانت وسایل 싼도께 아머나테 바써옐 물품 보관소
- □ میز حساب 미제 헤썹 계산대
- □ دفتر پزشکی 다프다레 페제쉬키 의무실
- □ آسانسور 어썬쏘르 엘리베이터
- □ راهرو 러흐로 복도
- □ رزرو کردن 레제르브 캬르단 (방을) 예약하다
- □ اتاق خالی 오터께 컬리 빈방
- □ صرافی 싸러피 환전
- □ مراقبت کودکان 모러께바테 쿠다컨 유아 돌봐드림
- □ وارد نشوید 버레드 나샤비드 방문 사절 (문 밖에 걸어놓음)
- □ ورود افراد غیر مسئول ممنوع 보루데 아프러데 께이레 마쓰울 맘누 관계자 외 출입 금지
- □ مشغول نظافت اتاق 마쉬꾤레 네저파테 오턱 방 청소 중

A: می خواهم اتاق رزرو کنم.

미커함 오터끄 레제르브 코남. (미컴 오턱 레제르브 코남.)

방을 예약하려고 하는데요.

B: بفرمایید. چه مدت اقامت می کنید؟

베파르머이드. 체 모다트 에꺼마트 미코니드?

(베파르머인. 체 모다트 에꺼마드 미코닌?)

예, 언제 숙박하실 건가요?

A: این هفته از جمعه تا یکشنبه.

인 하프테 아즈 좀에 터 옉샴베.

이번 주 금요일부터 일요일까지요.

B: بله. چند نفرید؟

발레. 찬드 나파리드? (발레. 찬나파린?)

예, 몇 분이십니까?

A: چهار نفر هستیم. امکان رزرو دو تا اتاق دو نفره هست؟

처허르 나파르 하스팀. 엠커네 레제르베 도 터 오터게 도 나파레 하스트?

네 명인데요. 트윈룸으로 두 개 예약 가능할까요?

B: بله، امکان دارد.

발레, 엠컨 더라드. (발레, 엠컨 더레.)

네. 가능합니다.

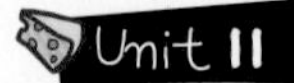

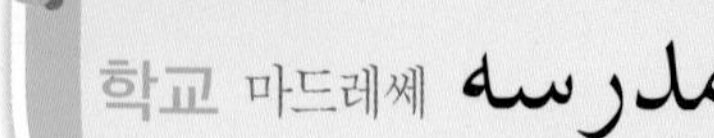

학교 마드레쎄 مدرسه

❶ کلاس 교실 켈러스

❷ معلم 교사 모알렘

❸ دانش آموز 학생 더네쉬 어무즈

❹ میز 책상 미즈

❺ صندلی 의자 싼달리

❻ کتاب درسی 교과서 케터베 다르씨

❼ جا مدادی 필통 저 메더디

❽ مداد 연필 메더드

❾ پاک کن 지우개 퍽콘

❿ مداد رنگی 색연필 메더드 랑기
⓫ خط کش 자 카트케쉬
⓬ کره ی جغرافیایی 지구본 코레에 조끄러피여이
⓭ تابلوی اعلانات 게시판 터블로예 엘러너트
⓮ تخته سیاه 칠판 타크테 씨여흐

관련 단어

□ مهد کودک 유치원 마흐데 쿠닥
□ دبستان 초등학교 다베스턴
□ راهنمایی 중학교 러흐나머이
□ دبیرستان 고등학교 다비레스턴
□ دانشگاه 대학교 더네쉬거
□ دانشجو 대학생 더네쉬주
□ خوابگاه 기숙사 컵거
□ کتابخانه 도서관 케텁커네
□ تالار اجتماعات 강당 털러레 에즈테머어트
□ زمین ورزش 운동장 자미네 바르제쉬
□ باشگاه 체육관 버쉬거
□ راهرو 복도 러흐로
□ دست شویی 화장실 다스트슈이

- □ امتحان 엠테헌 시험
- □ ایام امتحانات 아여메 엠테허너트 시험 기간
- □ تکلیف 타클리프 숙제
- □ آموزش 어무제쉬 교육
- □ درس 다르스 공부
- □ به مدرسه رفتن 베 마드레쎄 라프탄 등교하다
- □ از مدرسه برگشتن 아즈 마드레쎄 바르갸쉬탄 하교하다
- □ همکلاس 함켈러쓰 급우, 반 친구

A: خب، صفحه ی ۸ کتاب درسی را باز کنید.
콥 싸페예 하쉬테 케터베 다르씨러 버즈 코니드.
(콥, 싸페예 하쉬테 케터베 다르씨로 버즈 코닌.)
자, 교과서 8페이지를 펼치세요.

کی می خواند؟
키 미커나드? (키 미쿠네?)
읽어볼 사람?

A: من می خوانم.
만 미커남. (만 미쿠남.)
제가 읽을게요.

과목 다르스 درس

□ تاریخ 역사 터리크

او چهره ای است که در کتاب تاریخ آمده است.

우 체흐레이 아스트 케 다르 케터베 터리크 어마데 아스트.
(우 체흐레이에 케 다르 케터베 터리크 우마데.)
그는 역사 교과서에나 나오는 인물이잖아요.

□ موسیقی
음악 무시끼

□ انگلیسی
영어 엥겔리씨

□ شیمی
화학 쉬미

□ علوم 과학 올룸

در درس علوم امروز ساقه ی گیاه را بررسی می کنیم.

다르 다르쎄 올루메 엠루즈 써께예 기여흐 러 바르라씨 미코님.
오늘 과학 수업은 식물 줄기 관찰입니다.

□ هنر 호나르 미술

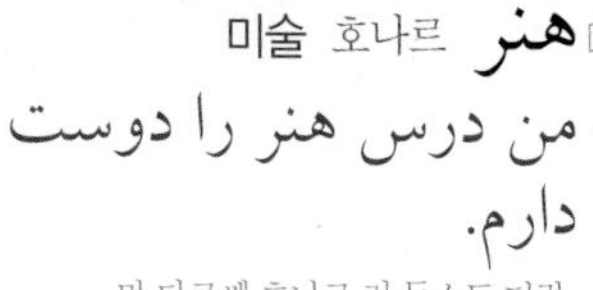

من درس هنر را دوست دارم.

만 다르쎄 호나르 러 두스트 더람.

나는 미술 과목을 좋아한다.

□ ورزش 바르제쉬 체육

관련 단어

□ زیست 지스트 생물

□ ریاضی 리어지 수학

□ فلسفه 팔싸페 철학

□ زبان و ادبیات فارسی 자번 바 아다비어테 퍼르씨

국어(이란의 언어와 문학)

□ اجتماعی 에즈테머이 사회

□ جغرافیا 조끄러피여 지리

□ انشا 엔셔 작문

□ دینی 디니 종교

- □ تاریخ جهان 터리케 자헌 세계사
- □ اقتصاد 에끄테써드 경제학
- □ روانشناسی 라번셰너씨 심리학
- □ فیزیک 피지크 물리학

A: علی امروز در امتحان تاریخ جهان نمره ی کامل گرفت.

알리 엠루즈 다르 엠테허네 터리케 자헌 놈레예 커멜 게레프트.

알리는 오늘 세계사 시험 만점 맞았대.

B: آره؟ تو چند گرفتی؟

어레? 토 찬드 게레프티?

그래? 넌 몇 점인데?

A: خجالت می کشم بگویم. نپرس.

케절라트 미케샴 베구얌. 나포르스. (케절라트 미캬샴 베갸. 나포르스.)

말하기 창피하다. 묻지 마.

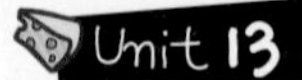

경찰서 칼런타리 کلانتری

□ تفنگ 권총 토팡

□ پلیس
경찰 폴리쓰

□ درگیری
폭행 다르기리

□ فرد خسارت دیده
피해자 파르데 케써라트 디데

□ مدرک 증거 마드라크

او به دلیل کافی نبودن مدرک آزاد شد.
우 베 달릴레 커피 나부다네 마드라크 어저드 쇼드.
그는 증거 불충분으로 풀려났다.

□ دزد 도둑 도즈드

آن دزد هنگام بالا رفتن از دیوار دستگیر شد.
언 도즈드 헨거메 벌러 라프탄 아즈 디버르 다스트기르 쇼드.
그 도둑은 담을 넘으려다가 잡혔다.

□ دستگیری
체포 다스트기리

관련 단어

□ کلانتری 칼런타리 파출소
□ کارآگاه 커르어거흐 형사
□ دستبند 다스트반드 수갑
□ شاهد 셔헤드 목격자
□ بهانه 바허네 알리바이
□ متهم 모타함 / مجرم 모즈렘 범인
□ جرم 조름 범죄
□ قتل کردن 까틀 카르단 살인하다
□ دزدیدن 도즈디단 훔치다
□ کیف قاپ 키프 꺼프 소매치기
□ تخم مرغ دزد 토크메 모르끄 도즈드
좀도둑(문자적 의미:달걀 도둑)
□ زندان 젠던 감옥
□ آدم ربایی 어담 로버이 유괴
□ کلاه برداری 콜러 바르더리 사기
□ رشوه 레쉬베 뇌물

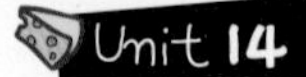

종교 딘 دین

□ معبد
절 마바드

□ بودایی
부더이
불교, 불교 신자

□ اسلام 에슬럼 이슬람교

□ مسلمان 모쌀먼
무슬림(이슬람교 신자)

□ مسجد 마스제드 이슬람 사원

□ مسیحیت 마씨히야트 기독교

□ مسیحی 마씨히 기독교 신자

□ کاتولیک 커톨릭
천주교, 천주교 신자

او کاتولیک خیلی معتقدی است.
우 커톨리케 케일리 모타께디 아스트.
(우 커톨리케 케일리 모타께디에.)
그 사람 아주 독실한 천주교 신자야.

□ کلیسا 켈리써 교회

□ کلیسای کاتولیک 켈리써예 커톨릭 성당

관련 단어

- □ قران 꼬런 코란
- □ امام 에멈 이맘
- □ جشن تکلیف 자쉬네 타클리프
  9세가 되는 소녀, 15세 소년이 무슬림이 되는 예식
- □ اذان 아전 기도를 알리는 소리
- □ خدا 코더 신
- □ عیسی 이써 예수
- □ بودا 부더 부처
- □ بهشت 베헤쉬트 천국
- □ جهنم 자한남 지옥
- □ کتاب مقدس 케터베 모까다쓰 성경
- □ نماز جمعه 나머제 좀에 금요 예배
- □ دعا کردن 도어 캬르단 기도하다
- □ روزه 루제 금식
- □ علامت صلیب 알러마테 쌀립 십자가
- □ روحانی 로허니 성직자
- □ پیامبر 파염바르 예언자
- □ زرتشتی 자르토쉬티 조로아스터교
- □ دین هندویی 디네 헨두이 힌두교
- □ دین یهودی 디네 야후디 유대교

복습문제 سوالات مروری

1 다음 그림과 단어를 연결해 보세요.

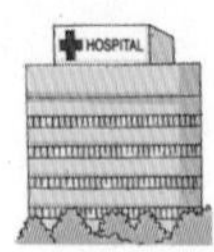

مدرسه　　سینما　　کتابخانه　　بیمارستان

2 다음 단어의 뜻을 써보세요.

a) نامه ________　　تمبر ________

پستچی ________　　بسته ی پستی ________

b) پزشک / دکتر ________　　پرستار ________

قرص ________　　پماد ________

3 다음 보기에서 단어를 골라 빈칸에 써넣어 보세요.

a) امضا کردن　اسکناس　پس انداز　شماره‌ی رمز
b) سینی　دونات　هات داگ　همبرگر

a) 지폐 ________　　저금 ________

서명하다 ________　　비밀번호 ________

b) 핫도그 ________　　도넛 ________

햄버거 ________　　쟁반 ________

4 다음 그림과 단어를 연결해 보세요.

چک اسکناس سکه کارت اعتباری

5 다음 단어를 이란어 혹은 우리말로 고쳐 보세요.

a) 햄버거 ______________ 콜라 ______________

سوپ ______________ 케밥 ______________

b) 로비 ______________ اتاق رزرو کردن ______________

پذیرش ______________ 팁 ______________

6 다음 보기에서 단어를 골라 빈칸에 써넣어 보세요.

a) کتاب درسی مداد صندلی خط کش
b) تاریخ علوم انگلیسی ریاضی

a) 연필 ______________ 자 ______________

의자 ______________ 교과서 ______________

b) 역사 ______________ 수학 ______________

영어 ______________ 과학 ______________

7 다음 빈칸에 알맞은 이란어를 써넣어 보세요.

a) 열이 있습니까? دارید؟__________

b) (예금) 계좌를 만들고 싶어요.

می خواهم __________ درست کنم.

c) 내가 주문할게. (식당에서) (در رستوران) من ________ می دهم.

d) 내가 가장 좋아하는 과목은 체육입니다.

درسی که من از همه بیشتر دوست دارم، ________ است.

1 영화관 – سینما 병원 – بیمارستان 학교 – مدرسه 도서관 – کتابخانه

2 a) 편지 우표 집배원 소포

b) 의사 간호사 알약 연고

3 a) اسکناس پس انداز امضا کردن شماره ی رمز

b) هات داگ دونات همبرگر سینی

4 동전 – سکه 수표 – چک 신용카드 – کارت اعتباری

지폐 – اسکناس

5 a) همبرگر کولا 수프 کباب

b) لابی 방을 예약하다 프런트 데스크 انعام

6 a) مداد خط کش صندلی کتاب درسی

b) تاریخ ریاضی انگلیسی علوم

7 a) تب

b) دفترچه ی حساب

c) سفارش

d) ورزش

Theme 5

حمل و نقل 함께 나갈 교통

교통수단 바써엘레 함로 나끌 وسايل حمل و نقل

□ مترو 메트로 지하철

□ قطار 까터르 기차, 열차

□ قطار سريع السير
고속 열차 까터레 싸리오쎄이르

□ اتوبوس
버스 오토부스

□ خودرو 코드로
ماشين 머쉰 자동차

□ تاكسی 턱씨 택시

□ کامیون 트럭 커미윤

چون که وسایل خیلی زیاد است، به نظر می رسد که باید کامیون بگیرم.

촌 케 바써엘 케일리 지어드 아스트, 베나자르 미레싸드 케 버야드 커미윤 베기람.

(촌 케 바써엘 케일리 지어데, 베나자르 미레쎄 케 버야드 커미윤 베기람.)

짐이 너무 많아서 트럭을 불러야 할 것 같아.

□ دوچرخه

자전거 도차르케

□ موتورسیکلت 모토르씨클레트

موتور 오토바이 모토르

□ هلی کوپتر

헬리콥테르

헬리콥터

□ هواپیمای سبک

하버페이머예 싸보크

경비행기

□ هواپیما

하버페이머

비행기

□ بالن 기구 벌룬

□ قایق 요트 꺼옉

□ کشتی /케쉬티 قایق 배 꺼옉

این کشتی به کیش می رود.

인 케쉬티 베 키쉬 미라바드. (인 케쉬티 베 키쉬 미래.)

이 배는 키쉬로 갑니다.

مکالمه

A: زمان رفت و آمد به سرکار، استفاده از مترو از اتوبوس بهتر است.

자머네 라프토 어마드 베 싸레커르, 에스테퍼데 아즈 메트로 아즈 오토부스 베흐타르 아스트.

(자머네 라프토 어마드 베 싸레커르, 에스테퍼데 아즈 메트로 아즈 오토부스 베흐타레.)

차가 많이 다닐 때는 버스보다 지하철을 이용하는 것이 좋아.

B: من با دوچرخه رفت و آمد می کنم.

만 버 도차르케 라프토 어마드 미코남.

나는 자전거로 다니는데.

A: خطرناک نیست؟

카타르넉 니스트?

위험하지 않아?

B: نه، فقط ده دقیقه طول می کشد.

나, 파까트 다흐 다끼께 툴 미케샤드. (나, 파까트 다 다이게 툴 미케셰.)

괜찮아. 10분밖에 안 걸려.

이란 문화 엿보기 | 이란의 교통 체증

이란의 수도인 테헤란의 교통 체증은 세계적으로도 유명하다. 한때 인터넷에서 only in Tehran이라는 제목으로 차선이 어디인지 분간이 안 될 정도로 자동차들이 도로를 빽빽하게 채우고 있는 사진이 떠돌 정도였다.

물값보다 저렴한 기름값과 대중교통 인프라 부족 등이 테헤란의 극심한 교통 체증에 한몫을 해왔었다. 그러나 최근 들어 4~5년 전보다 가솔린 값이 많게는 7~8배까지 오르고, 지하철 노선이 확장되고, 버스전용차선이 개통되었다. 이에 따라 테헤란의 교통량이 줄어들기를 기대해 본다.

여성 전용칸

보수적인 이슬람 국가답게 이란의 일부 대중교통 수단에는 남녀의 좌석이 분리되어 있다. 특히 버스는 두 대가 연결되어 운행하는데, 앞부분은 남자들이, 뒷부분은 여자들이 타는 칸이다. 지하철에도 여성 전용칸이 마련되어 있다. 만약 여성전용 칸이 붐빌 때 여성들은 다른 칸을 이용할 수 있지만, 남성들은 여성 전용칸에 탑승할 수 없다.

최근에는 여성 전용 택시회사도 설립되었다. 콜택시 형식으로, 여성들은 이 회사에 전화하여 여성 운전자가 운전하는 택시를 쉽게 대절하여 탈 수 있다. 그러나 합승 택시의 경우에는 뒷자석에 서로 모르는 남녀가 좁은 공간에 나란히 탈 수도 있다.

(지하철의 여성 전용칸)

자전거 도차르케 دوچرخه

1 핸들 파르먼 فرمان
2 브레이크 레버 다스테예 토르모즈 دسته ترمز
3 안장 진 زین
4 프레임 바다네 بدنه
5 바퀴살 파레 پره
6 타이어 러스틱 لاستیک
7 체인 잔지르 زنجیر
8 페달 페덜 پدال
9 바퀴축 저메네 젤로 ضامن جلو
10 기어(톱니바퀴) 차르크 단데 چرخ دنده
11 바퀴테(금속 부분) 토오께 طوقه

관련 단어

□ والف 벌프 공기 주입구

□ تیوب 티웁 튜브

□ دوچرخه ی کوهستان 도차르케예 쿠헤스턴 산악용 자전거, MTB

□ دوچرخه ی دنده ای 도차르케예 단데이 로드 바이크

A: به نظر می آید که دوچرخه ام پنچر شده است. خیلی زود باد خالی می کند.

베 나자르 미어야드 도차르케암 판차르 쇼데 아스트. 케일리 주드 버드 컬리 미코나드.

(베 나자르 미어드 도차르케암 판차르 쇼데. 케일리 주드 버드 컬리 미코네.)

내 자전거 타이어가 펑크났나 봐. 금세 바람이 빠지네.

B: خوب، پس باید به تعمیرگاه بروی.

쿱; 파스 버야드 베 타미르거흐 베라비.

(쿱, 파스 버야드 베 타미르거 베리.)

그럼, 수리점에 가봐야겠다.

오토바이 모토르씨클레트 موتورسیکلت

1 핸들 파르먼 فرمان

2 백미러 어이네예 아깝 آینه عقب

3 연료 탱크 버크 باک

4 안장 진 زین

5 헤드라이트 체러께 젤로 چراغ جلو

6 미등 체러께 아깝 چراغ عقب

7 배기관 에그조즈 اگزوز

8 엔진 모토르 موتور

9 타이어 러스티크 لاستیک

10 브레이크 토르모즈 ترمز

관련 단어

- □ کلاه ایمنی 헬멧 콜러헤 이메니
- □ واحد کنترل 제어 장치 버헤데 콘토롤

A: به به، خیلی عالی است. این موتورسیکلت را تازه خریدی؟
바흐 바흐, 케일리 얼리 아스트. 인 모토르씨클레트 러 터제 카리디?
(바 바, 케일리 얼리예. 인 모토르로 터제 카리디?)
야, 멋지다. 이 오토바이 새로 산 거야?

B: آره. همین دیروز خریدم.
어레. 하민 디루즈 카리담.
응. 어제 샀어.

A: می شود من یکبار سوارش بشوم؟
미샤바드 만 옉버르 사버레쉬 베샤밤?
(미셰 만 예버르 사버레쉬 베샴?)
나 한번 타 보면 안 될까?

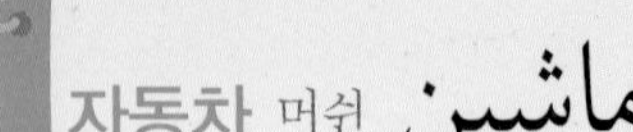

자동차 머쉰 ماشین

1. 헤드라이트 체러께 젤로 چراغ جلو
2. 방향등 체러께 러흐나머 چراغ راهنما
3. 미등 체러께 아갑 چراغ عقب
4. 타이어 러스티크 لاستیک
5. 사이드미러 어이네 바깔 آینه بغل
6. 보닛 커푸트 کاپوت
7. 앞유리 시셰예 젤로 شیشه جلو
8. 와이퍼 바르프 퍽 콘 برف پاک کن
9. 번호판 펠러크 پلاک
10. 트렁크 산도끄 صندوق

1. آینه 어이네 백미러
2. فرمان 파르먼 핸들, 운전대
3. بوق 부끄 경적, 클랙슨
4. دنده 단데 기어, 변속 손잡이
5. ترمز دستی 토르모즈 다스티 사이드브레이크
6. ترمز 토르모즈 브레이크
7. پدال گاز 페덜레 거즈 가속 페달
8. داشبورد 더쉬보르드 계기판

관련 단어

- چراغ خطر 체럭 카타르 비상등
- باطری 버트리 배터리
- کیسه ی هوا 키쎄예 하바 에어백
- کمربند ایمنی 캬마르반데 이메니 안전벨트
- پنچر شدن 판차르 쇼단 (타이어가) 펑크 나다
- روغن موتور 로까네 모토르 엔진 오일
- تعمیرگاه 타미르거흐 자동차 수리 센터
- خلاف پارک کردن 칼러프 퍼르크 카르단 주차 위반
- برگ جریمه 바르게 자리메 위반 통고장
- بکسل 보크쎌 견인차
- پمپ بنزین 폼페 벤진 주유소
- بنزین 벤진 가솔린, 휘발유
- دیزل 디젤 경유
- کارواش 커르버쉬 세차
- گواهینامه 고버히너메 면허증

A: این نزدیکی تعمیرگاه ماشین هست؟

인 나즈디키 타미르거헤 머쉰 하스트?

이 근처에 자동차 수리 센터가 있나요?

B: چطور مگر؟

체토르 마갸르?

(체토르 마게?)

왜요?

A: می خواستم روغن موتور را عوض کنم.

미커스탐 로까네 모토르 러 아바즈 코남.

(미커스탐 로까네 모토르로 아바즈 코남.)

엔진 오일 좀 교환하려고요.

A: لطفا به ماشین یک نگاه بندازید.

로트판 베 머쉰 옉 네거흐 벤더지드.

(로트판 베머쉰 예네거흐 벤더진.)

차 좀 점검해 주세요.

B: چه مشکلی دارد؟

체 모쉬켈리 더라드?

(체 모쉬켈리 더레?)

어떤 문제가 있나요?

A: دنده اتومات درست کار نمی کند.

단데 오토머트 도로스트 커르 네미코나드.

(단데 오토머트 도로스트 커르 네미코네.)

기어 변속이 잘 안 되네요.

도로 키여번 خیابان

❶ لاین یک 1차선 러이네 옉

❷ لاین دو 2차선 러이네 도

❸ لاین سه 3차선 러이네 쎄

❹ کنار جاده 갓길 케너레 저떼

□ نرده 가드레일 나르데

□ عوارضی 아버레지
톨게이트

□ زیرگذر 지르 고자르
지하도

□ پل 고가도로 폴

□ جاده خاکی

비포장도로 저떼예 커키

□ خیابان یک طرفه

일방통행로 키여버네 예 타라페

□ کوچه 쿠체 골목

داخل این کوچه که بشوی، دقیقا خانه ی ماست.

더켈레 인 쿠체 케 베샤비, 다끼깐 커네예 머스트.

(더켈레 인 쿠체 케 베시, 다끼깐 쿠네예 머스.)

이 골목으로 들어가면 바로 우리 집이야.

□ خط عابر پیاده

횡단보도 카테 어베레 피여데

□ چهارراه

교차로, 사거리 처허르 러흐

به نظر می آید در چهار راه تصادف شده است.

베나자르 미어야드 다르 처허르 러흐 타써도프 쇼데 아스트.

(베나자르 미어드 투 처허르러 타써도프 쇼데.)

교차로에서 사고가 난 것 같다.

□ پیاده رو

인도, 보도 피여데로

□ ایستگاه اتوبوس

버스 정류소 이스트거헤 오토부쓰

ما ساعت دو، در ایستگاه همدیگر را ببینیم.

머 써아테 도, 다르 이스트거흐 함디갸르 러 베비님.

(머 써아테 도, 투 이스트거 함디갸로 베비님.)

우리 두 시에 버스 정류소에서 만나.

□ پارکینگ 주차장 퍼르킹그

پارکینک پر پر بود، نتوانستیم داخل بشویم.

퍼르킹그 포레 포르 부드, 나타버네스팀 더켈 베샤빔.

(퍼르킹그 포레 포레, 나투네스팀 더켈 쉼.)

주차장이 꽉 차서 우리는 들어갈 수 없었다.

□ تابلوی راهنمایی و رانندگی

도로표지 터블로예 러흐나머이 바 러난데기

신호등 체러께 러흐나머 **چراغ راهنما** □

یک کم صبر کن. چراغ راهنما سبز بشود، بعد می توانی رد بشوی.

옉캼 싸브르 콘. 체러께 러흐나머 싸브즈 베샤바드, 바드 미타버니 라드 베샤비.

(예캼 싸브르 콘. 체러께 러흐나머 싸브즈 베셰, 바드 미투니 라드 베시.)

좀 기다려. 파란불이 켜지면 건너야지.

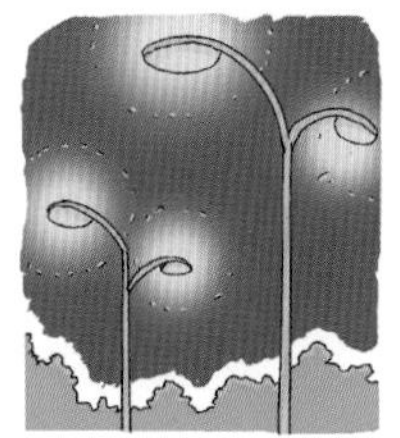

تیر چراغ برق □

가로등 티레 체러ㄲ 바르ㄲ

تیر چراغ برق خیابان خراب شده و اطراف تاریک است.

티레 체러ㄲ 바르께 키여번 카럽 쇼데 바 아트러프 터리크 아스트.

(티레 체러ㄲ 바르께 키여분 카럽 쇼데오 아트러프 터리케.)

가로등이 고장나서 주변이 어둡다.

관련 단어

- 큰길 키여버네 아쓸리 **خیابان اصلی** □
- 간선도로 보조르그러흐 **بزرگراه** □
- 고속도로 오투번 **اتوبان** □
- 우회 도로 키여버네 파르이 **خیابان فرعی** □

□ جدول وسط خیابان
중앙분리대 자드발레 바싸테 키여번

□ رانندگی کردن 운전하다 러난데기 캬르단

□ به سمت چپ پیچیدن
좌회전 베 쌈테 찹 피치단

□ به سمت راست پیچیدن
우회전 베 쌈테 러스트 피치단

□ تصادف 교통사고 타써도프

□ ترافیک سنگین 교통 체증 테러피케 싼긴

□ عبور ممنوع 통행금지 오부르 맘누

□ حد اکثر سرعت مجاز
제한속도 하떼 악싸레 쏘르아테 모저즈

□ خطر 위험 카타르

□ سمت 방향 삼트

A: به نظر می آید این حوالی خیابان اصلی باشد.

베 나자르 미어야드 인 하벌리 키여버네 아쓸리 버샤드.

(베나자르 미어드 인 하벌리 키여부네 아쓸레 버셰.)

이쯤에서 큰 길이 나올 것 같은데….

B: آنجا تابلوی راهنمایی و رانندگی هست. بعد از رد کردن چراغ راهنما بپیچید سمت راست.

언저 터블로예 러흐나머이 바 러난데기 하스트. 바드 아즈 라드 캬르다네 체러께 러흐나머, 베피치드 쌈테 러스트.

(운저 터블러예 러흐나머이오 러난데기 하스트. 바다즈 라드 캬르다네 체러께 러흐나머, 베피친 쌈테 러스트.)

저기 도로 표지가 있어. 신호등 지나 우회전하면 되겠다.

A: اما واقعا اینجا ترافیک سنگین است.

암머 버께안 인저 테러픽 싼긴 아스트.

(암머 버께안 인저 테러픽 싼기네.)

그런데 여긴 정말 교통 체증이 심하구나.

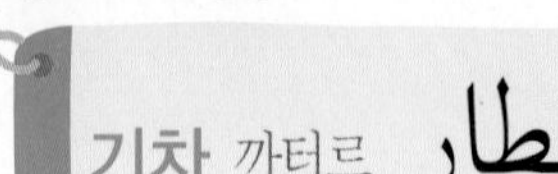

기차 까터르 قطار

□ ایستگاه قطار
기차역 이스트거헤 까터르

□ کوپه 객실 쿠페

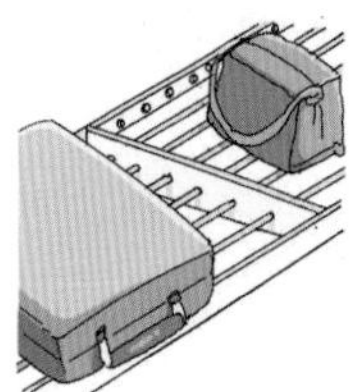

□ قفسه ی بار
까파쎄예 버르
수화물 선반

□ صندلی 좌석 싼달리

اگر امکانش هست، یک صندلی کنار پنجره بدهید.
아갸르 엠커네쉬 하스트, 옉 싼달리 케너레 판제레 베다히드.
(아게 엠커네쉬 하스트, 예 싼달리 케너레 판제레 베딘.)
가능하면 창가 쪽 좌석으로 주세요.

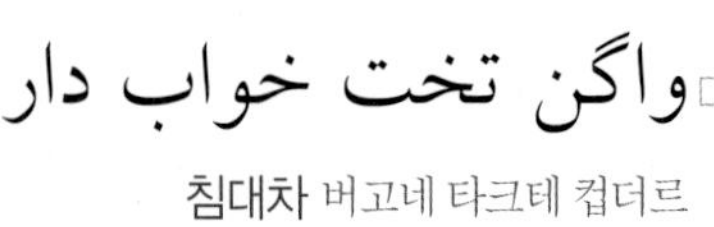

□ واگن تخت خواب دار
침대차 버고네 타크테 컵더르

ایستگاه قطار
기차역 이스트거헤 까터르

□ سالن انتظار

대합실 썰로네 엔테저르

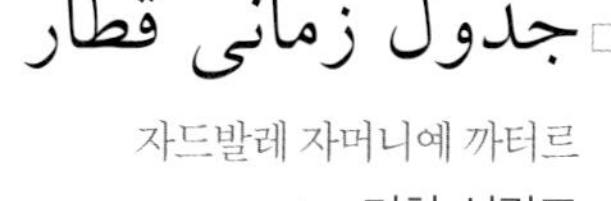

열차시간표 KORAIL

□ جدول زمانی قطار

자드발레 자머니예 까터르

기차 시간표

□ ورودی 입구 보루디

□ گیت 개찰구 게이트

□ مأمور کنترل بلیط

검표원 마무레 콘토롤레 벨리트

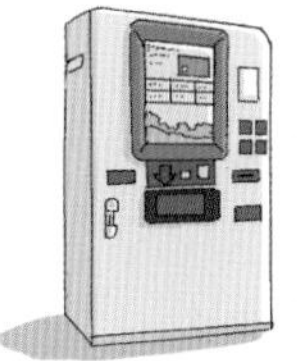

□ دستگاه فروش بلیط

다스트거헤 포루셰 벨리트

승차권 판매기

□ نقشه ی راه آهن

노선도 낙셰예 러흐어한

□ دفتر اطلاعات

안내소 다프타레 에텔러어트

관련 단어

- راه آهن 러흐어한 철도
- خط راه آهن 카테 러흐어한 선로
- قطار سریع السیر 까터레 싸리오쎄이르 급행열차
- بلیط فروشی 벨리트 포루쉬 승차권 판매소
- کرایه 케러예 교통비
- بلیط یک طرفه 벨리테 옉 타라페 편도 티켓
- بلیط رفت و برگشت 벨리테 라프토 바르가쉬트 왕복 티켓
- خدمه 카다메 열차 승무원
- رییس ایستگاه 라이쎄 이스트거흐 역장
- دفتر اشیاء گمشده 다프타레 아쉬여예 곰쇼데 분실물 센터
- دستشویی 다스트슈이 화장실
- خروجی 코루지 출구
- ایستگاه آخر 이스트거헤 어카르 종착역
- سوار قطار شدن 싸버레 까터르 쇼단 열차를 타다
- از قطار پیاده شدن 아즈 까터르 피어데 쇼단 열차에서 내리다

□ قطار عوض کردن

열차를 갈아타다 까터르 아바즈 카르단

□ ایستگاه را رد کردن

내릴 역(정거장)을 놓치다 이스트거흐 러 라드 캬르단

□ جا را بخشیدن 자리를 양보하다 저 러 박쉬단

□ دستگیره را گرفتن

손잡이를 잡다 다스트기레 러 게레프탄

□ در وسط راه پیاده شدن

도중하차 다르 바싸테 러흐 피어데 쇼단

□ خالی 비어 있는 컬리

□ شلوغ 혼잡한 숄루ㄲ(슐루ㄲ)

□ قطار پر از مسافر 만원 열차 까터레 포르 아즈 모싸페르

□ چرت زدن 졸다 초르트 자단

□ زمان رفت و آمد به سر کار

출퇴근 시간 자머네 라프토 어마드 베 싸레커르

□ اولین قطار 첫차 아발린 까터르

□ آخرین قطار 막차 어카린 까터르

1 인간 2 가정 3 수 4 도시 5 교통 6 업무 7 쇼핑 8 스포츠·레저 9 자연

항구 반다르 بندر

1 لنگر 랑가르 닻

2 رادار 러더르 레이더

3 دماغه 다머께 뱃머리

4 عرشه 아르셰 갑판

5 کابین 커빈 선실

6 بدنه کشتی 바다네예 케쉬티 선체

7 عقب کشتی 아까베 케쉬티 고물, 선미

8 عرشه ی عقب کشتی 아르셰예 아까베 케쉬티 뒷갑판

9 اسکله 에스켈레 부두

⑩ فانوس دریایی 퍼누쎄 다리여이 등대

⑪ موج شکن 모즈 셰칸 방파제

⑫ محموله 마흐물레 화물

⑬ دریا 다리여 바다

□ پارو 퍼루 노

□ قایق نجات 구명보트 꺼예께 네저트

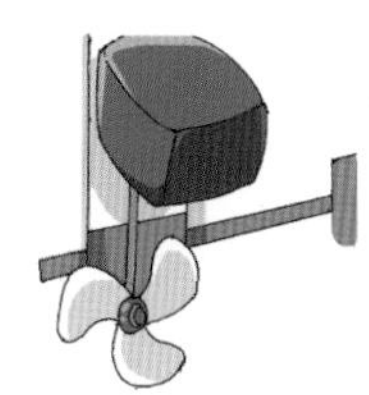

□ ملخ 말라크 프로펠러

관련 단어

□ طناب کشتی 타너베 케쉬티 닻줄

□ موتور خانه 모토르 커네 기관실

□ سکان 쏘컨 키, 방향키

□ کشتی تفریحی 케쉬티예 타프리히 유람선

□ کشتی مسافربری 케쉬티예 모서페르 바리 여객선

□ قایق ماهیگیری 꺼예께 머히기리 어선

□ کشتی باری 케쉬티예 버리 화물선

□ کشتی 케쉬티 / قایق 꺼예끄 배

□ گارد ساحلی 거르데 써헬리 해안 경비대

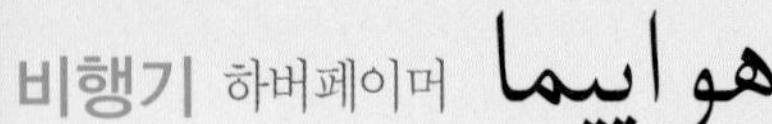

비행기 하버페이머 هواپیما

1. کابین خلبان 조종실 커비네 칼라번
2. کابین 객실 커빈
3. بال 날개 벌
4. موتور 엔진 모토르

- □ دستشویی 화장실 다스트슈이
- □ خالی 비어 있음 컬리
- □ در حال استفاده 사용 중 다르 헐레 에스테퍼데

조종사 칼라번 خلبان □

승무원 메흐먼더르 مهماندار □

관련 단어

비상구 코루지예 에즈테러리 خروجی اضطراری □

통로 러흐로 راهرو □

파르버즈 카르단 پرواز کردن □

이륙하다, 비행하다, 날다 볼란드 쇼단 بلند شدن

착륙하다 베 자민 네샤스탄 به زمین نشستن □

목적지 막싸드 مقصد □

고도 에르테퍼 ارتفاع □

시차 에크텔러페 써아트 اختلاف ساعت □

일등석, 퍼스트클래스 페르스트 켈러쓰 فرست کلاس □

비즈니스석 비즈니스 켈러쓰 بیزینس کلاس □

일반석, 이코노미석 싼달리예 마물리 صندلی معمولی □

Unit 08 هواپیما

공항 포루드거흐 فرودگاه

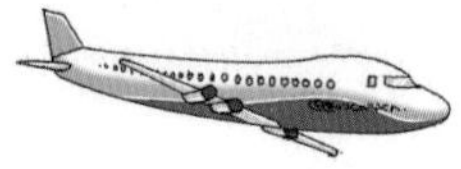

□ هواپیمای مسافربری
여객기 하버페이머예 모써페르바리

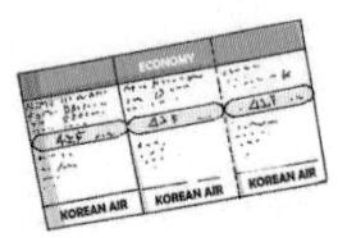

□ کارت پرواز
탑승권 커르테 파르버즈

□ گذرنامه 고자르너메
پاسپورت 퍼스포르트 여권

□ میز پذیرش
미제 파지레쉬
탑승 수속 카운터

□ گیت 게이트 탑승구

□ سالن انتظار 썰로네 엔테저르
공항 대합실

□ چرخ دستی
카트 차르크 다스티

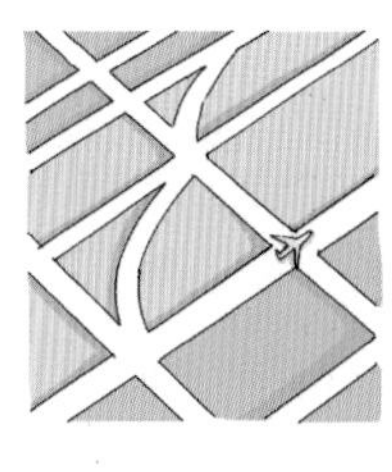

□ باند پرواز 번데 파르버즈
활주로

□ برج مراقبت
관제탑 보르제 모러께바트

□ نوار نقاله فرودگاه
나버레 나껄레예 포루드거흐
수화물 컨베이어

관련 단어

□ چمدان شخصی 차메더네 샥씨 기내 휴대 수화물
□ تحویل بار 타흐빌레 버르 수하물 취급소
□ بازرسی 버즈라씨 검사
□ فلز یاب 펠레즈엽 금속 탐지기
□ کنترل پاسپورت 콘토롤레 퍼스포르트 출입국 심사대
□ گمرک 곰로크 세관
□ قرنطینه 까란티네 검역

□ پرواز داخلی 파르버제 더켈리 국내선
□ پرواز بین المللی 파르버제 베이놀멜랄리 국제선
□ فروشگاه معاف از مالیات
면세점 포루쉬거헤 모어프 아즈 멀리여트
□ ویزا 비저 비자, 사증
□ شماره ی پرواز 쇼머레예 파르버즈 항공편 번호
□ رسیدن 레씨단 도착하다
□ راهنمایی 러흐나머이 안내
□ باجه ی رزرو 버제예 레제르브 예약 카운터

A: ببخشید، من نمی توانم صندلی ام را پیدا کنم.
베박쉬드, 만 네미타버남 싼달리얌 러 페이더 코남.
(베박쉰, 만 네미투남 싼달리야모 페이더 코남.)
실례합니다. 제 좌석을 찾을 수가 없네요.

B: می شود کارت پروازتان را نشان بدهید؟
미샤바드 커르테 파르버제턴 러 네션 베다히드?
(미셰 커르테 파르버제투노 네슌 베딘?)
탑승권을 보여주시겠습니까?

صندلی شما ششمین صندلی سمت راهرو است.
싼달리예 쇼머 셰쇼민 싼달리 쌈테 러흐로 아스트.
(싼달리예 쇼머 쉬쇼민 싼달리 쌈테 러흐로스트.)
통로 쪽 여섯 번째 좌석입니다.

복습문제 سوالات مروری

1 다음 그림을 단어와 연결시키세요.

کشتی　　قطار　　موتور　　هواپیما

2 다음 단어의 뜻을 써보세요.

a) دسته ترمز ________　　زنجیر ________

دوچرخه ________　　زین ________

b) گواهینامه ________　　برف پاک کن ________

فرمان ________　　بوق ________

c) کوچه ________　　زیرگذر ________

خطر ________　　چهارراه ________

3 다음 보기에서 단어를 골라 빈칸에 써넣어 보세요.

a) راه‌آهن　　ایستگاه‌آخر　　جدول زمانی قطار　　قطار سریع السیر

b) اسکله　　محموله　　عرشه　　بدنه کشتی

a) 철도 ________　　기차 시간표 ________

종착역 ________　　급행열차 ________

b) 화물 ________　　부두 ________

선체 ________　　갑판 ________

4 다음 단어의 뜻을 써보세요.

خروجی اضطراری ______	کارت پرواز ______
باند پرواز ______	گمرک ______
دست شویی ______	به زمین نشستن ______

5 다음 빈칸에 알맞은 이란어를 써넣어 보세요.

a) 이 근처에 주차장이 있습니까? این نزدیکی ______ هست؟

b) 대합실에 가 볼까? بریم ______ ؟

c) 이 버스를 어디서 탈 수 있습니까?

این ______ را کجا می توانم سوار بشوم؟

1 기차 – قطار 비행기 – هواپیما 배 – کشتی

오토바이 – موتور

2 a) 브레이크 레버 체인 자전거 (자전거) 안장

b) 운전면허증 와이퍼 핸들 클랙슨

c) 골목 지하도 위험 교차로

3 a) راه آهن جدول زمانی قطار ایستگاه آخر

قطار سریع السیر

b) محموله اسکله بدنه کشتی عرشه

4 비상구 탑승권 활주로 세관 (비행기) 화장실 착륙하다

5 a) پارکینگ b) سالن انتظار c) اتوبوس

Theme 6

➜ کار 커르 업무

Unit 01

직업 쇼끌 شغل

□ مهماندار خانم

승무원, 스튜어디스 메흐먼더레 커놈

□ پلیس 경찰관 폴리스

□ آشپز 요리사 어쉬파즈

آشپزها در خانه هم غذا می پزند؟

어쉬파즈허 다르 커네 함 까저 미파잔드?

(어쉬파저 투 쿠네 함 까저 미파잔?)

요리사들은 집에서도 요리를 잘할까요?

□ ورزشکار

운동선수 바르제쉬커르

□ قناد

제빵사 깐너드

□ دکتر 독토르

پزشک 의사 페제쉬크

□ معلم 모알렘 교사

□ استاد 오스터드 교수

□ وکیل 바킬 변호사

می گویند که آن وکیل خیلی پولدار است.

미구얀드 케 언 바킬 케일리 풀더르 아스트.

(미갼 케 운 바킬 케일리 풀더레.)

그 변호사는 재산이 무척 많대.

□ هنرپیشه 호나르피셰

بازیگر 버지갸르 배우

□ خواننده 커난데 가수

□ هنرمند 호나르만드 연예인

چرا نسبت به زندگی خصوصی هنرمندان کنجکاو هستند؟

체러 네스바트 베 젠데기예 코쑤씨예 호나르만던 콘즈커브 하스탄드?

(체러 네스바트 베 젠데기예 코쑤씨예 호나르만던 콘즈커반?)

연예인의 사생활이 왜 그렇게 궁금할까요?

□ کارگردان فیلم
커르갸르더네 필름
영화감독

□ سرباز
군인 싸르버즈

□ راننده ی تاکسی
택시 기사 러난데예 턱씨

□ پستچی
우편집배원 포스트치

□ کارمند
샐러리맨 커르만드

□ باغبان
원예사 버끄번

□ نجار
목수 나쩌르

□ مترجم
통역사 모타르젬

مترجم ،یک خانم جوان و زیبا بود.
모타르젬 예 커노메 자번 바 지버 부드.
(모타르젬 예 커누메 자부노 지버 부드.)
통역사는 젊고 예쁜 여자였다.

□ کشاورز 농부 케셔바르즈

پدرم کشاورز است.

페다람 케셔바르즈 아스트.

(페다람 케셔바르제.)

우리 아버지는 농부야.

관련 단어

□ خانه دار 가정주부 커네더르

□ حسابدار 회계사 헤썹더르

□ مهندس 엔지니어 모한데스

□ نانوا 넌(화덕에 굽는 빵) 굽는 사람 넌버

□ کارگر 노동자 커르갸르

□ عکاس 사진사 아커쓰

□ خیاط 재봉사, 재단사 카이여트

A: ببخشید، کارتان چیست؟

베박쉬드, 커레턴 치스트? (베박쉬, 커레턴 치에?)

실례지만, 어떤 일을 하세요?

B: من آشپز هستم.

만 어쉬파즈 하스탐.

전 요리사입니다.

Unit 02

직위 포스트 پست

□ رییس 회장, 이사장 라이쓰

□ منشی 비서 문시

□ مقام بالاتر
상사 마꺼메 벌러타르

□ مقام پایین تر
부하 마꺼메 퍼인타르

□ همکار 동료 함커르

امروز با همکارانم شام می خورم.
엠루즈 버 함커러남 섬 미코람.
(엠루즈 버 함커럼 섬 미코람.)
오늘 직장 동료들과 회식이 있다.

□ مصاحبه 면접 모써헤베

□ مصاحبه کننده 면접관 모써헤베 코난데

□ مصاحبه شونده
면접 보는 사람 모써헤베 샤반데

관련 단어

- □ دفتر مرکزی 다프타레 마르캬지 본사
- □ شعبه 쇼베 지사
- □ رییس 라이스 / مدیر 모디르 사장, 대표이사
- □ معاون رییس 모어베네 라이스 부사장
- □ مدیر عامل 모디르 어멜 전무, 상무
- □ کارمند 커르만드 직원
- □ کارمند جدید 커르만데 자디드 신입 직원
- □ کارآموز 커르어무즈 인턴사원

A: الو. آقای مدیر عامل تشریف دارند؟
알로. 어거예 모디르 어멜 타쉬리프 더란드?
(알로. 어거예 모디르 어멜 리 타쉬리프 더란?)
여보세요, 전무님 계십니까?

B: معذرت می خواهم. الان در جلسه هستند.
마제라트 미커함. 알런 다르 잘라세 하스탄드.
(마제라트 미컴. 알런 다르 잘라세 하스탄.)
죄송하지만, 지금 회의 중이십니다.

A: بعداً باز هم تلفن می کنم.
바단 버즈 함 텔레폰 미 코남. (바단 버잠 테레폰 미코남.)
다음에 다시 전화하겠습니다.

업무 커르 کار

□ ارتقا 승진 에르테꺼

□ بازنشستگی 퇴직 버즈네샤스테기

□ ماموریت 출장 마무리야트

او برای ماموریت به فرانسه می رود.

우 바러예 마무리야트 베 파런쎄 미라바드.
(우 바러예 마무리야트 베 파런쎄 미레.)
그는 프랑스로 출장을 간다.

□ جلسه 회의 잘라쎄

بخاطر جلسه نتوانستم نهار هم بخورم.

베커테레 잘라쎄 나타버네스탐 너허르 함 보코람.
(베커테레 잘라쎄 나투네스탐 너허르 함 보코람.)
회의 때문에 점심도 못 먹었다.

□ مرخصی 휴가 모라카씨

□ حقوق بازنشستگی
연금 호꾸께 버즈네샤스테기

관련 단어

- □ حقوق 월급 호꾹
- □ روز پرداخت حقوق 월급날 루제 파르더크테 호꾹
- □ انعام 보너스 안엄
- □ مذاکره کردن 협상하다 모저케레 캬르단
- □ مصاحبه 면접 시험 모써헤베
- □ سابقه کار 이력서 써베게 커르
- □ استخدام کردن 채용하다 에스테끄덤 캬르단
- □ استخدام شدن 취직하다 에스테끄덤 쇼단
- □ به سرکار رفتن 출근하다 베 싸레커르 라프탄
- □ از سرکار برگشتن 퇴근하다 아즈 싸레 커르 바르갸쉬탄
- □ در محل کار غیبت کردن 결근하다 다르 마할레 커르 께이바트 캬르단
- □ اضافه کار 초과 근무 에저페 커르
- □ ساعت کاری 근무 시간 써아테 커리
- □ شغل دایم 정규직 쇼끌레 더옘
- □ شغل موقت 임시직 쇼끌레 모바까트
- □ شغل آزاد 자유직 쇼끌레 어저드

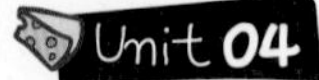

사무실 다프타르 دفتر

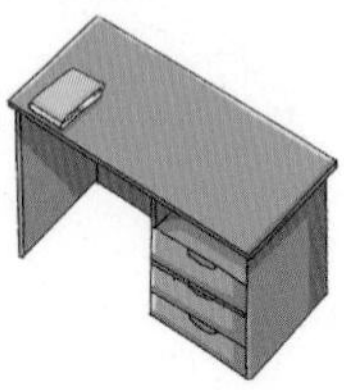

□ میز اداری 사무용 책상 미제 에더리

چه نوع میز اداری ای خوب است؟

체 노 미제 에더리이 쿱 아스트?

(체 노 미제 에더리이 쿠베?)

사무용 책상은 어떤 제품이 좋습니까?

□ تلفن 텔레폰

전화기

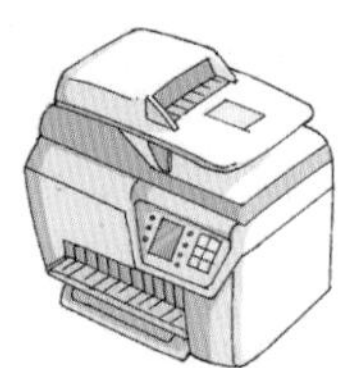

□ فکس 팩시밀리 팍스

□ دستگاه فتوکپی

복사기 다스트거헤 포토코피

□ موبایل 휴대폰 모버일

آن واقعاً جدیدترین موبایل است!

언 버게안 자디드타린 모버일 아스트!

(운 버게안 자디드타린 모버일레!)

그거 정말 최신형 휴대폰이구나!

□ ماشين حساب

계산기 머쉰 헤썹

□ دفتر خاطرات

다이어리 다프타레 커테러트

من خاطراتم را زياد نمی نويسم.

만 커테러탐 러 지여드 네미네비쌈.

(만 커테러타모 지여드 네미네비쌈.)

나는 다이어리를 잘 쓰지 않는다.

□ تقويم 달력 타끄빔

آه، يک برگ ديگر از تقويم را باز بايد ورق بزنم.

어흐, 옉 바르게 디갸르 아즈 타끄빔 러 버즈 버야드 바라끄 베자남.

(어흐, 예 바르게 디게 아즈 타끄비모 버즈 버야드 바라끄 베자남.)

휴, 달력을 또 한 장 넘겨야겠네.

□ قاب عكس

액자 꺼베 악스

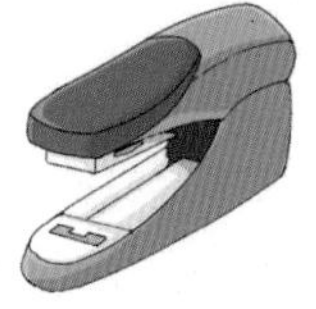

□ منگنه 스테이플러 망게네

□ پونز 압정 푸네즈

관련 단어

- □ ماژیک 머직 매직펜, 사인펜
- □ خودکار 코드커르 볼펜
- □ لاک غلط گیر 러케 깔라트 기르 수정액
- □ برگه یادداشت 바르게 여드더쉬트 포스트 잇, 메모 용지

A: از عصبانیت دارم می میرم.
아즈 아싸버니야트 더람 미미람.
짜증나 죽겠어!

B: چی شده است؟
치 쇼데 아스트? (치쇼데?)
무슨 일이야?

A: دستگاه فتوکپی بخش ما دوباره خراب شده است.
다스트거헤 포토코피예 박셰 머 도버레 카럽 쇼데 아스트.
(다스트거헤 포토코피예 박셰 머 도버레 카럽 쇼데.)
우리 부서 복사기가 또 고장났어.

B: نگران نباش. می توانی از فتوکپی بخش ما استفاده کنی.
네갸런 나버쉬. 미 타버니 아즈 포토코피예 박셰 머 에스테퍼데 코니.
(네갸런 나버쉬. 미투니 아즈 포토코피예 박셰 머 에스테퍼데 코니.)
걱정 마! 우리 복사기 써도 돼.

컴퓨터 컴피유테르 کامپیوتر

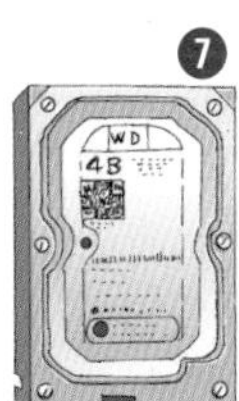

1 مانیتور 모니터 머니토르
2 ال سی دی 액정 엘씨디
3 کیبورد 키보드 키보르드
4 موس 마우스 모우스
5 مادربورد 마더보드 머데르보르드
6 سی پی یو 중앙처리장치, CPU 씨피유
7 هارد درایو 하드디스크 하르드 데라이브

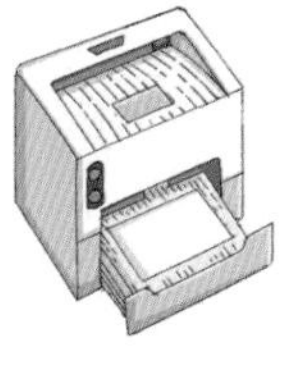

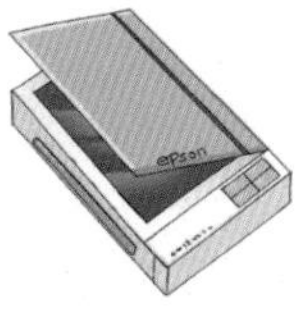

□ لپ تاپ 랍탑
노트북 컴퓨터

□ پرینتر
프린터 프린테르

□ اسکنر
스캐너 에스캬네르

관련 단어

- مکان نما 마컨 나머 커서
- آیکون 어이콘 아이콘
- کلیک کردن 클릭 캬르단 클릭하다
- نصب کردن 나습 캬르단 설치하다
- بک آپ گرفتن 바크 업 게레프탄 백업하다
- بوت کردن 부트 캬르단 부팅하다
- پیست کردن 페이스트 캬르단 붙여넣기하다
- ذخیره 자키레 저장
- کنترل پنل 콘토롤 파넬 제어판
- سطل آشغال 싸틀레 어쉬껄 휴지통
- ارتقا 에르테꺼 업그레이드
- خاموش کردن 커무쉬 캬르단 전원을 끄다

Unit 06

인터넷 인테르넷 اینترنت

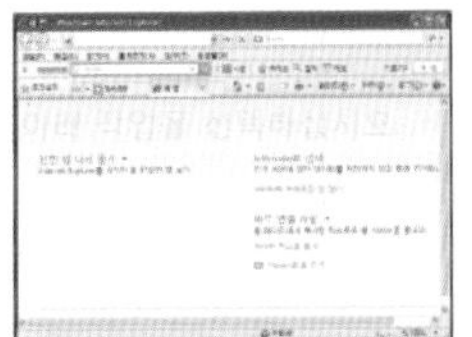

□ اینترنت اکسپلورر

인테르넷 엑스플로레르

인터넷 익스플로러

□ 웹사이트 웹싸이트 وب سایت

نمی دانم. در وب سایت دنبالش بگردیم؟

네미더남. 다르 웹싸이트 돈벌레쉬 베갸르딤?

(네미두남. 투 웹싸이트 돈벌레쉬 베갸르딤?)

글쎄, 웹사이트에서 찾아볼까?

□ صفحه اصلی

홈페이지 싸페예 아쓸리

□ جستجوی اطلاعات

조스토주예 에텔러어트

정보 검색

□ بنر

배너, 띠 모양의 광고 바네르

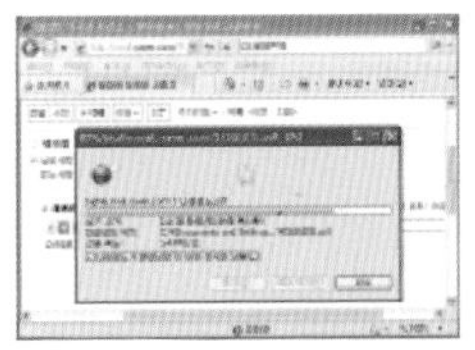

□ دانلود کردن

다운로드하다 던로드 캬르단

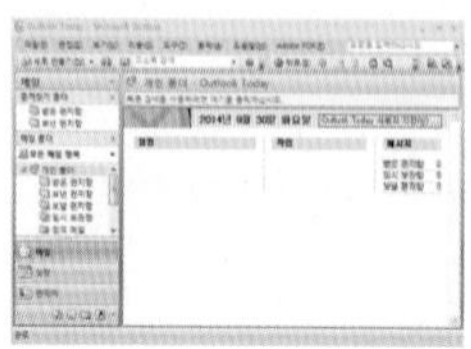

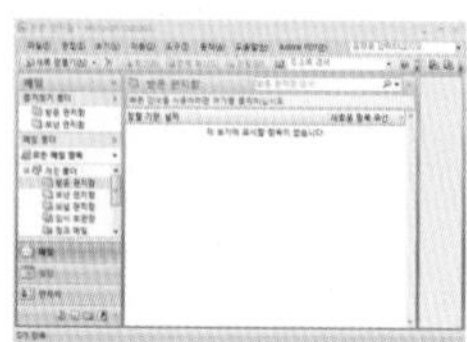

이메일 이메일 ایمیل □

الان با ایمیل می فرستم.

알런 버 이메일 미페레스탐.

내가 지금 이메일로 보낼게.

받은 편지함 인벅스 اینباکس □

굴림체
견고딕
궁서체
명조체

첨부 페이바스트 پیوست □

글꼴 폰트 فونت □

این فونت قشنگ نیست.

인 폰트 까샹그 니스트.

이 글꼴은 좀 예쁘지가 않아.

معتاد به اینترنت □

인터넷 중독자 모터드 베 인테르넷

معتاد به گیم □

게임 중독자 모터드 베 게임

관련 단어

□ آنلاین 온라인 언러인

□ بلاگ 블로그 벨러그

□ دامنه 도메인(주소) 더마네

□ سایت پورتال اینترنتی 인터넷 포털 사이트 써이테 포르털레 인테르네티

□ رهیاب 라우터, 공유기 라흐엽

□ کوکی 쿠키(인터넷 임시 저장 파일) 쿠키

□ فایروال 방화벽 퍼이르벌

□ در اینترنت جستجو کردن 인터넷 검색을 하다 다르 인테르넷 조스토주 캬르단

□ سوالات متداول 자주 묻는 질문, FAQ 쏘알러테 모타더벨

□ کامنت 대답, 댓글 커멘트

□ هکر 해커 하케르

의사소통 에르테바트 ارتباط

□ سلام کردن
인사하다 쌀럼 캬르단

□ صحبت کردن
대화하다 쏘흐바트 캬르단

□ اعتراف کردن
고백하다 에테러프 캬르단

□ با هم ارتباط برقرار کردن
버함 에르테바트 바르까러르 캬르단
서로 통하다, 의사소통하다

□ عذرخواهی کردن
사과하다 오즈르커히 캬르단

□ دعوای لفظی کردن
말다툼하다 다버예 라프지 캬르단

관련 단어

- □ نحوه صحبت 나흐베예 쏘흐바트 말투, 말씨
- □ لهجه 라흐제 사투리
- □ ژست 제스트 제스처
- □ رفتار 라프터르 태도
- □ نظر 나자르 의견
- □ موضوع 모주 화제, 주제
- □ دعوت 다바트 초대
- □ گردهم آیی 게르데함어이 모임
- □ رابطه 러베테 관계
- □ معرفی کردن 모아레피 캬르단 소개하다
- □ موافق بودن 모버펙 부단 찬성하다, 동의하다
- □ مخالف بودن 모컬레프 부단 반대하다
- □ ترجمه کردن 타르조메 캬르단 번역하다, 통역하다

A: رفتار او را اصلا نمی فهمم.
라프터레 우 러 아쏠란 네미파흐맘.
(라프터레 우로 아쏠란 네미파흐맘.)
그 사람 태도는 도대체 알 수가 없네!

B: گفت که از تو عذرخواهی می کند.
고프트 케 아즈 토 오즈르커히 미코나드.
(고프트 케 아즈 토 오즈르커히 미코네.)
너한테 사과한다고 했잖아.

A: اگر آن جوری عذر خواهی کند، تو می توانی عذرخواهی اش را بپذیری؟
아갸르 언 주리 오즈르커히 코나드, 토 미타버니 오즈르커히 아쉬 러 베파지리?
(아게 운 주리 오즈르커히 코네, 토 미투니 오즈르커히쉬로 베파지리?)
그런 식으로 사과하면, 넌 받아들일 수 있겠어?

B: این بخاطر این است که او هم لهجه دارد و هم ترش رو است.
인 베커테레 인 아스트 케 우 함 라흐제 더라드 바 함 토르쉬 루 아스트.
(인 베커테레 이네 케 우 함 라흐제 더레오 함 토르쉬루 에.)
원래 사투리를 쓰는데다가 말투까지 무뚝뚝해서 그런 거야.

이란 문화 엿보기 | 터어로프 문화

이란의 대표적인 문화로 꼽을 수 있는 것은 바로 터어로프(تعارف)의 문화이다. '체면치레'라는 뜻을 담고 있는 터어로프는 상대방과 정중하게 의사소통을 하는 하나의 방법이다. 이란 사람들조차도 터어로프 표현을 알면, 이란어를 다 배운 것이나 다름 없다고 할 정도로, 이러한 표현들이 생활 속에서 아주 많이 사용된다. 터어로프 표현은 화자의 진심을 담고 있는 경우도 있지만, 형식적으로 말뿐인 경우도 있기 때문에 진심과 그렇지 않은 경우를 구별해야 한다.

예를 들어, 상점에서 물건 값을 지불하기 위해 가격을 묻는 경우, 상점 주인이 '꺼벨레 쇼머러 나더라드(قابل شما را ندارد :당신만큼 가치가 없습니다, 괜찮습니다)'라고 답할 수 있다. 이 표현은 표면적으로는 당신보다 물건이 가치가 없기 때문에 돈은 내지 않아도 된다는 뜻이지만, 그렇다고 실제로 돈을 지불하지 않으면 안 된다. 의례적인 말이기 때문이다.

또, 친구에게 생일 선물을 주면서, '인 너 꺼벨 아스 (این نا قابل است : 이것은 가치가 없습니다)'라고 함으로써 자신이 가져온 선물을 부담 없이 받도록 이야기해 주는 것, 그리고 선물을 받으면서 대답으로 '써헤베쉬 꺼벨 아스트(صاحبش قابل است :그것의 주인이 가치가 있습니다)'라고 함으로써 선물보다는 선물을 준 상대방이 가치 있기 때문에 선물은 중요하지 않다고 답하는 것 모두 일종의 터어로프이다.

감사의 표현인 '다스테 쇼머 다르드 나코네 (دست شما درد نکند : 당신의 손이 아프지 않으시기를)'에 '싸레 쇼머 다르드 나코네 (سر شما درد نکند : 당신의 머리가 아프지 않으시기를)'로 대답하는 것도 일상적인 터어로프 형식의 대화이다.

터어로프는 진심이 없는 의례적인 표현이 될 수도 있지만, 상대방을 배려하는 마음이 기본 바탕이 되는 것은 분명하다.

이란의 이러한 문화는 체면을 중요하게 생각하는 우리 문화와도 많이 닮아 있다.

복습문제 سوالات مروری

1 다음 단어를 이란어 또는 우리말로 바꾸세요.

خواننده آشپز معلم کشاورز

2 다음 단어를 이란어 혹은 우리말로 고쳐 보세요.

a) رییس ______________ منشی______________

신입사원 ______________ مصاحبه کننده ______________

b) به سرکار رفتن ______________ 월급 ______________

보너스 ______________ کار ______________

3 다음 보기에서 단어를 골라 빈칸에 써넣어 보세요.

a) منگنه دستگاه فتوکپی خودکار ماشین حساب
b) مانیتور مکان‌نما موس کلیک کردن

a) 스테이플러 ______________ 복사기 ______________

계산기 ______________ 볼펜 ______________

b) 클릭하다 ______________ 모니터 ______________

마우스 ______________ 커서 ______________

4 다음 단어를 이란어 혹은 우리말로 고쳐 보세요.

a) 배너 ____________ دامنه ______________

홈페이지 __________ 이메일 _____________

b) 사투리 __________ دعوت____________

نظر____________ صحبت کردن ______

5 다음 빈칸에 알맞은 이란어를 써넣어 보세요.

a) 오늘 구직 면접이 있다.

امروز __________ ی کار دارم.

b) 이거 한 장만 복사해 줘요.

این را یک صفحه _______ کنید.

c) 이메일로 이력서를 보내 주세요.

سابقه ی کار را با ________ بفرستید

1 요리사 - آشپز 가수 - خواننده 농부 - کشاورز 교사 - معلم

2 a) 회장 비서 کارمند جدید 면접 보는 사람

b) 출근하다 حقوق انعام 업무

3 a) منگنه دستگاه فتوکپی ماشین حساب خودکار

b) کلیک کردن مانیتور موس مکان نما

4 a) بنر 도메인 صفحه اصلی ایمیل

b) لهجه 초대 의견 대화하다

5 a) مصاحبه b) کپی c) ایمیل

THEMATIC IRANIAN WORDS

Theme 7

➜ 경제 에끄테써드 اقتصاد
사회 에즈테머 اجتماع

Unit 01

경제 에끄테써드 اقتصاد

□ شرکت 셰르캬트 기업

□ افزایش ناگهانی

급등 아프저예셰 너갸허니

□ افزایش ناگهانی یافتن

급등하다 아프저예셰 너갸허니 여프탄

□ سهام 싸험 주식

سهام من افزایش قیمت داشت.

싸허메 만 아프저예셰 께이마트 더쉬트.

내가 가지고 있는 주식이 상승했다.

□ کاهش ناگهانی یافتن

급락하다 커헤셰 너갸허니 여프탄

□ کاهش 커헤쉬 감소, 쇠퇴

□ کاهش پیدا کردن

감소하다 커헤쉬 페이더 캬르단

کاهش میزان موالید نگران کننده است.

커헤셰 미저네 마벌리드 네갸런 코난데 아스트.

출산율이 계속 감소해서 걱정이야.

□ تولید کننده 생산자 톨리드코난데

□ تولید کردن 생산하다 톨리드 캬르단

شرکت تولید کننده ی خودرو، دوچرخه هم تولید می کند.

세르캬테 톨리드코난데예 코드로 도차르케 함 톨리드 미코나드.

자동차를 생산하는 기업이 자전거도 만든다.

□ مصرف 소비 마쓰라프

□ مصرف کردن 소비하다 마쓰라프 캬르단

□ مصرف کننده 소비자 마쓰라프 코난데

□ ورشکستگی 파산 바르셰캬스테기

□ ورشکسته شدن 파산하다 바르셰캬스테 쇼단

او به دلیل بحران اقتصادی اعلام ورشکستگی کرد.

우 베 달릴레 보흐러네 에끄테써디 엘러메 바르셰캬스테기 캬르드.

그는 불황으로 파산을 신청했다.

관련 단어

- قیمت 게이마트 가격
- هزینه 하지네 비용
- معامله 모어멜레 거래
- عرضه 아르제 공급
- خرید 카리드 구입, 구매
- سود 쑤드 수익, 이득
- سرمایه 싸르머예 자본
- صنایع 싸너예 산업
- کالا 컬러 상품
- مالیات 멀리여트 세금
- افزایش نرخ مالیات 아프저예셰 네르케 멀리여트 증세
- اقتصادی 에끄테써디 경제적인
- رونق یافتن 로우나끄 여프탄 부양하다, 상승시키다
- پرداخت نشده 파르더크트 나쇼데 미지불
- بازار 버저르 시장
- بیکاری 비커리 실업
- نرخ بیکاری 네르케 비커리 실업률

□ تورم 타바롬 인플레이션

□ افزایش قیمت کالاها
아프저예셰 께이마테 컬러허 물가상승

□ رکود 로쿠드 침체, 불황, 불경기

□ تجارت 테저라트 통상, 교역

□ نرخ ارز 네르케 아르즈 환율

□ کاهش ارزش 커헤셰 아르제쉬 평가절하

□ مازاد 머저드 흑자

□ کسر 캬쓰르 적자

□ شرکت فرعی 셰르캬테 파르이 자회사

□ انحصاری 엔헤써리 독점

□ ادغام 에드껌 합병

□ جبران خسارت 조브러네 케써라트 손해배상

□ سهامدار 싸험더르 주주

□ پیش بینی 피쉬비니 전망, 예상

□ شاخص 셔케스 지표, 지수

□ حساب 헤썹 계산, 회계

금융 멀리 مالی

□ بانک اصلی

주 거래은행 벙케 아쓸리

از بانک اصلی ام وام گرفتم.

아즈 벙케 아쓸리암 범 게레프탐.

내 주 거래은행에서 대출을 받았다.

□ اسکناس تقلبی

위조지폐 에스케너쎄 타깔로비

در کیف پولم، اسکناس تقلبی پیدا کردم.

다르 키페 풀람, 에스케너쎄 타깔로비 페이더 캬르담.

(투 키페 풀람, 에스케너쎄 타깔로비 페이더 캬르담.)

지갑에서 위조지폐를 발견했다.

□ پس انداز کردن

파스안더즈 캬르단

저축하다, 예금하다

□ باقیمانده ی حساب

잔액, 잔고 버끼먼데예 헤썹

باقیمانده ی حساب من را ببین.

버끼먼데예 헤써베 만 러 베빈.

(버끼먼데예 헤써베 마노 베빈.)

내 예금의 잔액을 봐.

□ بی پول 비풀 무일푼

من بی پولم.
만 비풀람.
나는 무일푼이야.

□ خسیس
구두쇠 카씨스

□ ثروتمند
부유한 쎄르바트만드

관련 단어

□ سکه 쎄케 동전

□ اسکناس 에스케너스 지폐

□ پول خرد 풀레 코르드 푼돈, 잔돈

□ پول نقد 풀레 나끄드 현금

□ ارسال پول 에르썰레 풀 송금

□ درآمد 다르어마드 수입, 소득

□ چک 체크 수표

□ چک برگشتی 체케 바르가쉬티 부도수표

□ سفته 싸프테 약속 어음

□ بودجه 부드제 예산, 경비

Unit 02 مالی

- ☐ مالی 재정 멀리
- ☐ بدهی 빚, 부채 베데히
- ☐ نسیه 외상 네씨예
- ☐ وام 융자 범
- ☐ گواهی بدهی 채무 증서 고버히예 베데히
- ☐ قرض دادن 빌려주다 까르즈 더단
- ☐ پس دادن 상환하다 파쓰 더단
- ☐ تسویه ی حساب 청산 타쓰비에예 헤썹
- ☐ برداشت کردن 인출하다 바르더쉬트 캬르단
- ☐ صرفه جویی 절약 싸르페주이
- ☐ تاخیر در پرداخت 지불 유예 타키르 다르 파르더크트
- ☐ سرمایه گذاری کردن 투자하다 싸르머예고저리 캬르단
- ☐ تقلبی 가짜, 모조 타깔로비
- ☐ بازار ارز 외환시장 버저레 아르즈
- ☐ سیاست پولی 통화정책 씨어싸테 풀리
- ☐ سیستم پولی 화폐제도 씨스테메 풀리

이란 문화 엿보기 | 이란의 화폐

이란의 공식 화폐 단위는 '리얄(ریال :원어 발음은 '리열'에 가깝다.)'이다. 그러나 비공식적으로 일상생활에서는 리얄보다는 '토만 (تومان : 원어 발음은 '토먼' 혹은 '투먼'에 가깝다.)'이라는 단위를 주로 사용한다. 10리얄은 1토만으로, 택시비가 50,000 리얄 (پنجاه هزار ریال 판저흐 헤저르 리열)이 나왔다면, 택시 기사는 5,000 토만 (پنج هزار تومان 판즈 헤저르 토먼)을 요구할 것이다. 심지어, 5토만 (پنج تومان 판즈 토먼)이 50,000 리얄을 의미하는 경우도 많다.

이란의 동전은 50, 100, 250, 500, 1000, 2000, 5000리얄 등이 있고, 지폐는 100, 200, 500, 1000, 2000, 5000, 10000, 20000, 50000, 100000리얄 등이 있으나, 1000리얄 이하의 지폐는 많이 사용되지 않으며, 1000리얄 이상의 지폐 앞면에는 이슬람 혁명을 이끈 이맘 호메이니의 모습이 그려져 있다.

이란의 화폐 가치는 크지 않아서 한국의 1000원이 대략 25000리얄에 해당한다(2016년 2월).

무역 테저라트 تجارت / 버자르거니 بازرگانی

□قرارداد 계약 까러르더드

□قرارداد بستن 까러르더드 바스탄

계약하다

بالاخره قرارداد صادرات موفق شد.

벨라카레 까러르더데 써데러트 모바파끄 쇼드.

드디어 수출 계약이 성사되었습니다.

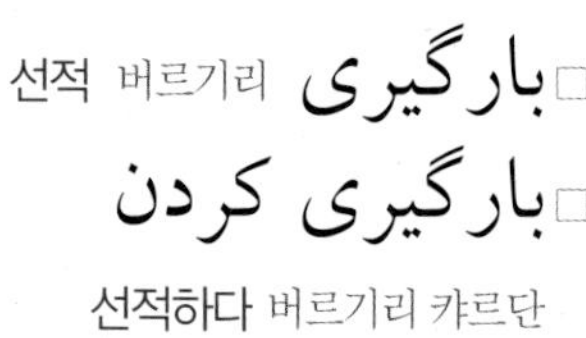

□بارگیری 선적 버르기리

□بارگیری کردن

선적하다 버르기리 캬르단

□حمل و نقل 운송 함로 나끌

□حمل کردن 운송하다 함르 캬르단

□کانتینر 컨테이너 컨티네르

□ادعا 클레임 에떼어

관련 단어

□ ارزیابی 견적 아르즈여비
□ مبلغ 금액 마블라끄
□ مهلت پایانی 마감기한 모흘라테 퍼여니
□ ضمانت کردن 담보하다 자머나트 캬르단
□ پیش پرداخت 선금 피쉬 파르더크트
□ جانشین 대리인 저네쉰
□ قرارداد انحصاری 독점계약 까러르더데 엔헤써리
□ پرداخت کردن 결제하다 파르더크트 캬르단
□ به پایان مهلت رسیدن 만기가 되다 베 퍼여네 모흘라트 레씨단
□ توضیح دادن 명시하다 토지흐 더단
□ ارسال کردن 에르썰 캬르단 / فرستادن 페레스터단 발송하다
□ تجارت منصفانه 공정무역 테저라테 몬쎄퍼네
□ اعتبارنامه 신용장 에테버르너메
□ فاکتور فروش 송장 퍽토레 포루쉬
□ تعرفه 관세 타아레페
□ نرخ تعرفه 관세율 네르케 타아레페

1 인간 2 가정 3 수 4 도시 5 교통 6 업무 7 경제·사회 8 쇼핑 9 스포츠·취미 10 자연

- گمرک 곰로크 세관
- هزینه ی اسکله 하지네예 에스켈레 부두 사용료
- بازرسی گمرک 버즈라씨예 곰로크 통관
- محل تولید 마할레 톨리드 원산지
- توزیع کننده 토지 코난데 유통업자
- مدت اعتبار 모따테 에테버르 유효 기일
- مشتری 모쉬타리 의뢰인
- پیمانکار 페이먼커르 하청업자
- تراز تجاری 타러제 테저리 무역수지
- مانع تجاری 머네예 테저리 무역장벽
- کسری تجاری 캬스리예 테저리 무역적자
- مازاد تجاری 머저데 테저리 무역 흑자
- توافق تجارت آزاد
  타버포께 테저라테 어저드 자유무역협정
- محدودیت واردات 마흐두디야테 버레더트 수입제한
- صادرات 써데러트 수출
- خسارت 케써라트 손해
- بازپرداخت 버즈파르더크트 상환
- تصویب 타쓰빕 승인

□ قیمت بازار 시가 께이마테 버저르
□ ناقص 불량 너께스
□ کالای ناقص 불량품 컬러예 너께스
□ پول بیمه 보험금 풀레 비메
□ غرامت 보상금 까러마트
□ انتقال دادن 양도하다 엔테껄 더단
□ سفارش دادن 주문하다 세퍼레쉬 더단
□ چانه زدن 흥정하다 처네 자단
□ عدم امکان پرداخت 지급 불능 아다메 엠커네 파르더크트
□ راضی کردن 충족시키다 러지 캬르단
□ آگهی دادن 통지하다 어갸히 더단
□ موجودی انبار 재고 모주디예 안버르
□ شرط 조건 샤르트
□ تخفیف 할인 타크피프
□ کالاهای موجود 현물 컬러허예 모주드
□ تاریخ تایید 확정일자 터리케 타이드

사회 에즈테머 اجتماع

□ تجمع 집회 타자모

□ جمعیت 군중 자미야트

جمعیت زیادی از مردم با شور از پاپ استقبال کردند.

자미야테 지어디 아즈 마르돔 버 슈르 아즈 펍 에스테끄벌 카르단드.

수많은 군중이 교황을 열렬히 환영했다.

□ پیر شدن جمعیت 노령화 피르쇼다네 자미야트

□ فقر 빈곤, 궁핍 파끄르

□ چند فرهنگی

다문화 찬드 파르항기

□ دو قطبی شدن

양극화 도 꼬트비 쇼단

□ خشونت

폭력, 학대 코슈나트

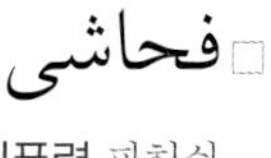

□ فحاشی

언어폭력 파허쉬

فحاشی را هم می توان به پلیس گزارش داد؟

파허쉬 러 함 미타번 베 폴리스 고저레쉬 더드?

언어폭력도 경찰서에 신고해도 되나요?

□ تبعیض نژادی 인종차별 타브이제 네저디

تبعیض نژادی در کدام کشور شدیدتر است؟

타비이제 네저디 다르 코덤 케쉬바르 샤디드타르 아스트?

인종차별이 가장 심한 나라는 어디예요?

관련 단어

- قدرت 권력 꼬드라트
- رقابت 경쟁 레꺼바트
- جمهوری 공화국 좀후리
- مردم 국민 마르돔
- عمومی 공중의, 공공의 오무미
- فرهنگ 문화 파르항그
- تمدن 문명 타마돈
- قانون 법률 꺼눈
- کمک مالی 보조금 코마케 멀리
- کار داوطلبانه 자원봉사 커레 더브탈라버네
- نرخ زاد و ولد 출생률 네르케 저도 발라드
- عدم برابری اجتماعی 사회 불평등 아다메 바러바리예 에즈테머이
- طبقه ی فقیر 빈곤층 타바께예 파끼르
- طبقه ی متوسط 중산층 타바께예 모테바쎄트
- فساد 부패 페써드
- تبعیض جنسی 성차별 타브이제 젠씨
- خود کشی 자살 코드코쉬
- مرگ از تنهایی 고독사 마르그 아즈 탄허이
- اقامت غیر قانونی 불법체류 에꺼마테 께이레 꺼누니

Unit 05

비즈니스 비즈니스 بیزینس / 캬쓰보 커르 کسب و کار

☐ مشتری 고객 모쉬타리

☐ قیمت 가격 께이마트

☐ افزایش قیمت

가격 인상 아프저예셰 께이마트

☐ پس گرفتن پول

수금 파스 게레프타네 풀

☐ نمایندگی فروش

대리점 나머얀데기예 포루쉬

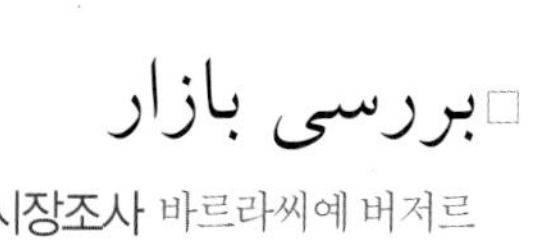

☐ بررسی بازار

시장조사 바르라씨예 버저르

□ کالای جدید

신제품, 신상품 컬러예 자디드

ادامه ی حیات شرکت ما بستگی به تولید کالای جدید دارد.

에더메예 하여테 셰르카테 머 바스테기 베 톨리데 컬러예 자디드 더라드.
(에더메예 하여테 셰르카테 머 바스테기 베 톨리데 컬러예 자디드 더레.)

우리 회사는 신제품 생산에 사활을 걸고 있다.

관련 단어

- □ مشتری 모쉬타리 거래처
- □ بازاریابی 버저르여비 마케팅
- □ کسب و کار 캬쓰보 커르 사업
- □ تجارت 테저라트 상거래
- □ قرارداد 까러르더드 계약
- □ قرارنامه 까러르 너메 계약서
- □ نوع کار 노에 커르 업종
- □ محل کار 마할레 커르 영업소, 영업장
- □ ساعت کار 써아테 커르 영업시간
- □ مشتری همیشگی 모쉬타리예 하미셰기 단골

□ شرکت بزرگ 대기업 셰르캬테 보조르그

□ شرکت متوسط و کوچک 중소기업 셰르캬테 모테바세트 바 쿠착

□ شرکت وابسته 자회사, 계열사 셰르캬테 버바스테

□ فروش 매출 포루쉬

□ قیمت برای مصرف کننده 권장소비자가격 께이마트 바러예 마쓰라프 코난데

□ قیمت عمده فروشی 도매가 께이마테 옴데 포루쉬

□ قیمت خرده فروشی 소매가 께이마테 코르데 포루쉬

□ طبقه ی مصرف کننده 소비자층 타바께예 마쓰라프 코난데

□ نقطه ی سر به سری 손익분기점 노끄테예 싸르 베 싸리

□ سهم بازار 시장 점유율 싸흐메 버저르

□ کنسرسیوم 컨소시엄 콘세르씨옴

복습문제 سوالات مروری

1 다음 그림을 단어와 연결시키세요.

کاهش پیدا کردن　　شرکت　　تولید کردن　　مصرف

2 다음 단어의 뜻을 써보세요.

a) درآمد ________　　خسیس ________

بدهی ________　　کمک مالی ________

b) اعتبارنامه ________　　چک ________

برداشت کردن ________　　وام ________

c) خرج ________　　پس انداز کردن ________

صورت حساب ________　　اسکناس ________

3 다음 보기에서 단어를 골라 빈칸에 써넣어 보세요.

a) قرارداد　　تعرفه　　مهلت پایانی　　معامله
b) کالا　　بارگیری　　ادعا　　نرخ ارز

a) 계약 ________　　거래 ________

관세 ________　　마감기한 ________

b) 선적 ________________ 화물 ________________

클레임 ________________ 환율 ________________

4 다음 단어의 뜻을 써보세요.

مردم ________________ پیر شدن جمعیت ________________

چندفرهنگی ________________ جمعیت ________________

5 다음 단어를 이란어 혹은 우리말로 고쳐 보세요.

a) 고객 ________________ افزایش قیمت ________________

بازاریابی ________________ 매출 ________________

b) کالای جدید ________________ 컨소시엄 ________________

بیزینس ________________ 사업 ________________

정답

1 기업 – شرکت 감소하다 – کاهش پیدا کردن 소비 – مصرف
생산하다 – تولید کردن

2 a) 수입 구두쇠 빚 보조금 b) 신용장 수표 인출하다 융자
c) 지출 저축하다 청구서 지폐

3 a) قرارداد معامله تعرفه مهلت پایانی
b) بارگیری کالا ادعا نرخ ارز

4 국민 노령화 다문화 인구

5 a) مشتری 가격인상 마케팅 فروش
b) 신제품 کنسرسیوم 비즈니스 کسب و کار

THEMATIC IRANIAN WORDS

Theme 8

➜ خرید 카리드 쇼핑

Unit 01

백화점 퍼써쥐 پاساژ

계산대 싼도끄 صندوق

صندوقدار
계산원 싼도끄더르

اسکناس
지폐 에스케너쓰

چرخ خرید
쇼핑 카트 차르케 카리드

동전 쎄케 سکه

مامان، چرخ خرید را من می آورم.
머먼, 차르케 카리드 러 만 미어바람.
(머먼, 차르케 카리드로 만 미어람.)
엄마, 쇼핑 카트는 내가 가져올게요.

점원 포루샨데 فروشنده

고객 모쉬타리 مشتری

관련 단어

- □ خریدار 카리더르 구매자
- □ برچسب قیمت 바르차스베 께이마트 가격표
- □ چک 체크 수표
- □ پول نقد 풀레 나끄드 현금
- □ پول خرد 풀레 코르드 잔돈
- □ ویترین 비트린 진열대
- □ برند 베란드 / نام تجاری 너메 테저리 브랜드, 상표
- □ هدیه 하디예 선물
- □ کادو کردن 커도 캬르단 포장하다
- □ حراج 하러즈 바겐세일
- □ کالا با قیمت ویژه 컬러 버 께이마테 비제 특가 상품
- □ کالا را پس دادن 컬러 러 파스 더단 반품하다

A: پاساژ حراج زده است. نمی آیی برویم خرید؟
퍼써쥐 하러즈 자데 아스트. 네미어이 베라빔 카리드?
(퍼써즈 하러즈 자데. 네미어이 베림 카리드?)
백화점에서 바겐 세일한다는데, 쇼핑 가지 않을래?

B: باشه. بهر حال باید برای مادرم هم هدیه بخرم.
버셰. 베하르 헐 버야드 바러예 머다람 함 하디예 베카람.
(버셰. 베하르 헐 버야드 바러예 머다람 함 하디예 베카람.)
그래. 마침 난 엄마 선물도 사야 해.

□ لباس مردانه
남성복 레버쎄 마르더네

□ لباس زنانه
여성복 레버쎄 자너네

□ کالاهای متنوع
잡화 컬러허예 모타나베

□ لوازم آرایش
화장품 라버제메 어러예쉬

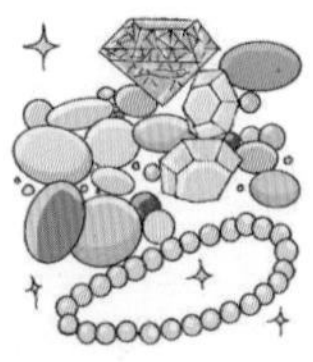

□ جواهر
보석 자버헤르

□ مواد غذایی
식품 마버데 까저이

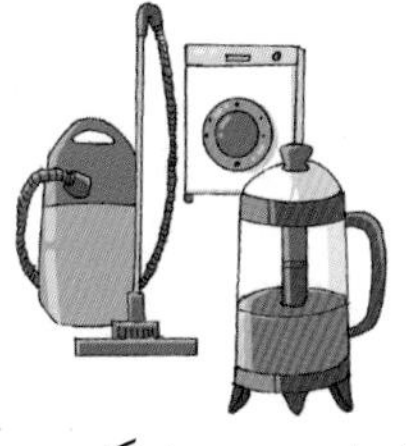

□لوازم خانگی
가전제품 라버제메 커네기

□لوازم آشپزی
주방용품 라버제메 어쉬파지

لوازم آشپزی این قدر تنوع دارد ؟
라버제메 어쉬파지 인까드르 타나보 더라드?
(라버제메 어쉬파지 인까드 타나보 더레?)
주방용품 종류가 어쩌면 이렇게도 많으냐?

□مبل 가구 모블

ما که تا اینجا آمدیم، مبل ها را هم ببینیم و برویم.
머 케 터 인저 어마딤, 모블허러 함 베비님 바 베라빔.
(머 케 터 인저 우마딤, 모블허로 함 베비니모 베림.)
우리 이왕 왔으니 가구도 구경하고 가자.

□اسباب بازی
장난감 아스법 버지

□لوازم التحریر
필기구 라버제모 타흐리르

이란 문화 엿보기 | 이란에서의 쇼핑

이란의 전통시장인 버저르에서는 물건 구입 시 흥정이 가능하다. 심지어 길 가는 택시를 다른 사람과 합승하지 않고, 혼자 타려고 하는 경우에도 택시를 타기 전 택시 요금을 협상할 수 있다(미터기가 있는 택시는 대부분 공항 택시들뿐이다).
따라서 물건을 살 때는 낮은 가격부터 제시하고, 상점 주인과 흥정을 통해 가격대를 맞춰 나간다면 좋은 가격에 구입할 수 있다. 물론, 대형마트나 슈퍼마켓 등에서는 정찰제가 도입되어 있다.

이란의 쇼핑센터들은 대체로 일찍 문을 열고, 늦은 시간까지 영업을 한다. 그러나 쇼핑할 때 참고할 사항은 많은 상점들이 보통 1시 이후부터 5시 정도까지는 점심 식사와 휴식을 위해 문을 닫는다는 것이다.

Unit 02

식품 마버데 까저이 مواد غذایی

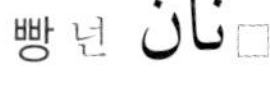

□نان 넌 빵

□برنج 베렌즈 쌀

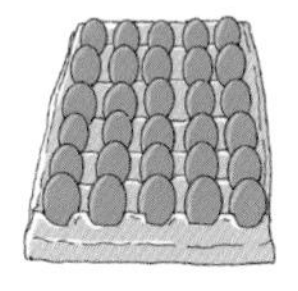

□تخم مرغ
계란 토크메 모르끄

□شیر 쉬르 우유

□کنسرو 콘쎄르브
통조림

□بستنی
아이스크림 바스타니

□سبزی
채소 싸브지

□میوه 미베
과일

□نوشیدنی گازدار
탄산음료 누쉬다니예 거즈더르

□ آب میوه 업미베 / شربت 샤르바트 주스

دلم می خواهد یک شربت آب لیموی خنک بخورم.

델람 미커하드 옉 샤르바테 업리무예 코나크 보코람.

(델람 미커드 예 샤르바테 업리무예 코나크 보코람.)

시원한 레몬 주스 마시고 싶다.

□ نمک
소금 나마크

□ شکر
설탕 세캬르

□ سس گوجه فرنگی
토마토케첩 쏘쎄 고제파랑기

관련 단어

□ غذای فریز 까저예 페리즈 냉동식품

□ روغن 로깐 / روغن غذایی 로까네 까저이 식용유

□ آرد گندم 어르데 갼돔 밀가루

□ ادویه 아드비예 조미료

□ سس خردل 쏘쎄 카르달 겨자 소스

□ سس سویا 쏘쎄 쏘여 간장
□ سرکه 쎄르케 식초
□ بیسکویت 비스퀴트 과자
□ نوشیدنی 누쉬다니 음료수
□ نوشیدنی ورزشی 누쉬다니예 바르제쉬 스포츠 드링크

A: یادم رفت شیر بخرم!
여담 라프트 쉬르 베카람!
우유 사는 걸 깜빡했네!

B: من می روم می آورم. شیر کجا بود؟
만 미라밤 미어바람. 쉬르 코저 부드?
(만 미람 미어람. 쉬르 코저 부드?)
내가 가서 가져올게. 우유가 어디에 있더라?

A: آنجا در بخش لبنیات است.
언저 다르 박셰 라바니어트 아스트.
(운저 투 박셰 라바니어테.)
저쪽 유제품 코너에 있어.

Unit 03

남성복 레버쎄 마르더네 لباس مردانه

□ ژاکت 점퍼, 재킷 저캬트

□ ژاکت کاموایی 스웨터 저캬테 컴버이

□ تی شرت 티셔츠 티 셰르트

رنگ این تی شرت خیلی قشنگ است.
랑게 인 티 셰르트 케일리 까샹그 아스트.
(랑게 인 티 셰르트 케일리 까샹게.)
이 티셔츠 색깔이 참 멋있다.

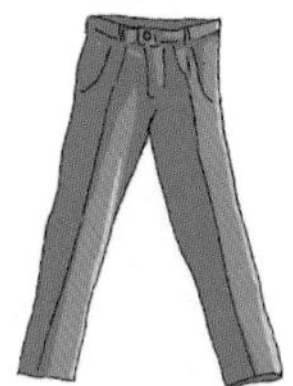

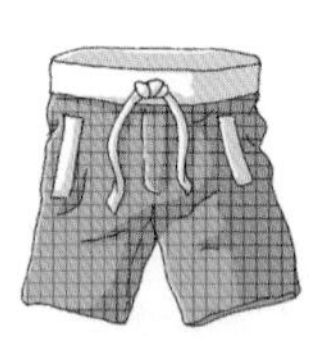

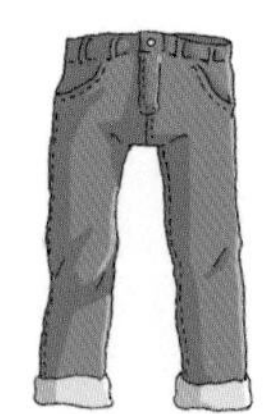

□ شلوار 바지 살버르

□ شلوار کوتاه 반바지 살버레 쿠터

□ شلوار جین 청바지 살버레 진

□ تی شرت یقه دار

폴로셔츠 티 셰르테 야께더르

□ پیراهن 피러한 와이셔츠

□ کت و شلوار

정장 코토 샬버르

□ لباس رسمی

예복 레버쎄 라스미

□ لباس ورزشی

운동복 레버쎄 바르제쉬

□ شورت 쇼르트 팬티

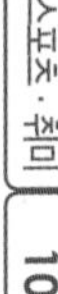

Unit 03 لباس مردانه

관련 단어

- □ جلیقه 젤리께 조끼
- □ لباس زیر 레버쎄 지르 속옷
- □ لباس معمولی 레버쎄 마물리 평상복
- □ بارانی 버러니 비옷
- □ شلوار بند دار 샬버레 반드더르 멜빵바지
- □ لباس اسکی 레버쎄 에스키 스키복
- □ لباس شنا 레버쎄 셰너 수영복
- □ شورت شنا 쇼르테 셰너 수영 팬티
- □ اتاق پرو 오터께 포로브 피팅룸
- □ تنگ 탕 타이트한
- □ گشاد 고셔드 헐렁한
- □ یقه گرد 야께 게르드 라운드 넥
- □ یقه هفت 야께 하프트 브이넥
- □ یقه 야께 옷깃
- □ دکمه 도크메 단추
- □ آستین 어스틴 소매
- □ جیب 집 주머니
- □ آستری 어스타리 안감

A: این شلوار خیلی قشنگ است.
인 샬버르 케일리 까샹그 아스트.
(인 샬버르 케일리 까샹게.)
이 바지 멋지다!

B: حتما به تو می آید.
하트만 베 토 미어야드.
(하트만 베헤트 미어드.)
분명히 너에게 잘 어울릴 거야.

A: ولی خیلی گران نیست؟
발리 케일리 게런 니스트?
(발리 케일리 게룬 니스트?)
그런데 너무 비싸지 않아?

B: آره، گران است.
어레, 게런 아스트.
(어레, 게루네.)
응, 비싸다.

ولی اگر دلت بخواهد، بخر.
발리 아갸르 델레트 베커하드, 베카르.
(발리 아게 델레트 베커드, 베카르.)
그런데 마음에 들면 사.

A: خب، می خرم.
콥, 미카람.
그래. 사야겠다.

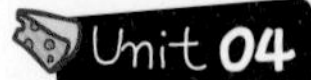

여성복 레버쎄 자너네 لباس زنانه

볼루즈 بلوز
블라우스

치마, 스커트 더만 دامن
دامنت خیلی کوتاه است.
더마나트 케일리 쿠터흐 아스트.
(더마네트 케일리 쿠터헤.)
너 스커트 길이가 너무 짧은 거 같다.

먼토 먼토 مانتو
خانمهای ایرانی بیشتر مانتو می پوشند.
커놈허예 이러니 비쉬타르 먼토 미푸샨드.
(커놈허예 이러니 비쉬타르 먼토 미푸샨.)
이란 여성들은 먼토를 많이 입는다.

لباس مهمانی
야회복 레버쎄 메흐머니

히잡 헤접 حجاب
차도르 처도르 چادر

روسری
히잡의 일종 루싸리

مقنعه
히잡의 일종 마끄나에

شال 셜 숄, 히잡의 일종

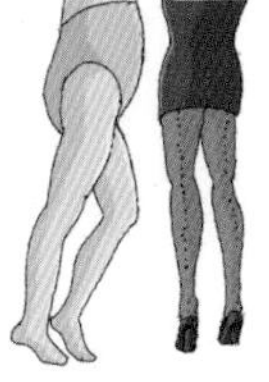

جوراب شلواری
팬티스타킹 주랍 샬버리

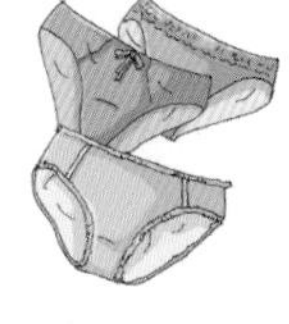

شورت زنانه
여성용 팬티 쇼르테 자너네

سوتین
브래지어 쑤티안

Unit 04 لباس زنانه

관련 단어

- زیر دامنی 슬립, 속치마 지르 더마니
- لباس خواب 잠옷, 네글리제 레버쎄 컵
- کرست 코르셋, 거들 코르셋
- جوراب زنانه 스타킹 주러베 자너네
- لباس بدون آستین 민소매 레버스 베두네 어스틴
- زیپ 지퍼 집
- توری 레이스 투리

이란 문화 엿보기 | 이란의 의복

이란의 의복은 이슬람 율법에 따라 엄격하게 규제된다. 그러나 남자들의 경우는 제약이 많지 않은 편이다. 반팔 티셔츠는 입을 수 있지만, 공식적인 운동경기를 할 때 이외에는 반바지는 입을 수 없다. 또한 정장을 입을 때에도 절대로 넥타이를 매지 않는다. 넥타이가 서구 문화를 상징하는 대표적인 의복으로 간주되기 때문이다.

남자들에 반해 여성들의 의복에는 많은 제약이 따른다. 머리카락이 보여서는 안 되고, 몸매가 드러나는 옷을 입어서도 안 된다. 보통 상의는 무릎까지 내려오는 먼토라는 코트 형식의 옷을 입는다. 여성들은 머리카락이나 몸을 가리기 위해 히잡을 쓰는데, 이란의 히잡은 루싸리·마그나에·셜·차도르 네 종류가 있다. 차도르는 머리에서부터 발끝까지 온몸을 가리는 천이며, 마그나에는 학생들이나 관공서 직원들이 많이 쓰는 어깨까지 내려오는 히잡으로 얼굴만 드러낼 수 있게 되어 있다.

일반적으로 여성들은 머리만 가릴 수 있는 루싸리와 셜을 많이 이용하는데, 멋쟁이들은 머리카락을 다 가리지 않고, 머리에 멋스럽게 걸치는 정도로 착용하기도 한다. 그러나 복장 규제를 엄격하게 하는 기간에는 경찰서까지 가서 벌금을 내는 경우도 종종 발생한다. 이란에서는 원칙적으로 짙은 화장이나 매니큐어도 금지된다. 이러한 복장에 대한 규정은 외국인도 예외는 아니다.

신발 · 기타 캬프쉬 바 께이레 کفش و غیره

□ کفش پاشنه بلند
하이힐 캬프셰 퍼쉬네 볼란드

□ کتونی
운동화 캬투니

□ کفش پاشنه دار
구두 캬프셰 퍼쉬네 더르

□ چکمه
부츠 차크메

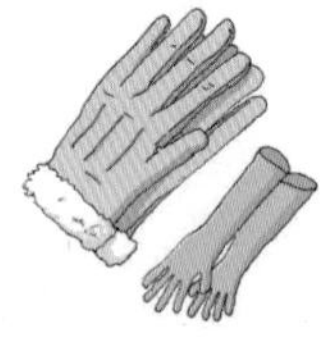

□ جوراب
양말 주럽

□ دستکش
장갑 다스트케쉬

□ کلاه
모자 콜러흐

관련 단어

- صندل 샌들 싼달
- دمپایی 슬리퍼 담퍼이
- گردن بند 목걸이 갸르단반드
- دست بند 팔찌 다스트반드
- گوشواره 귀걸이 구쉬버레
- گل سینه 브로치 골레 씨네
- حلقه 할께 / انگشتر 반지 앙고쉬타르
- کراوات 넥타이 케러버트
- شال 스카프, 목도리 셜
- حوله 손수건, 수건 홀레
- پاپیون 나비넥타이 퍼피온
- کمربند 벨트 카마르 반드
- عینک 안경 에이나크
- سنجاق سر 머리핀 싼저께 싸르
- کش سر 머리끈 케셰 싸르

화장품 라버제메 어러예쉬 لوازم آرایش

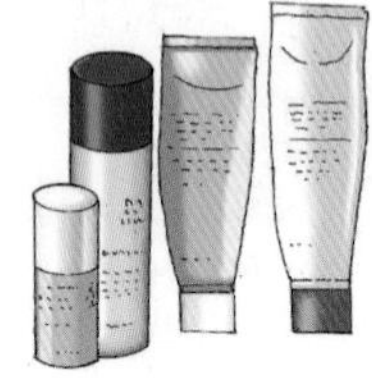

□ لوسیون 로션 로씨운

□ تونر 스킨 토네르

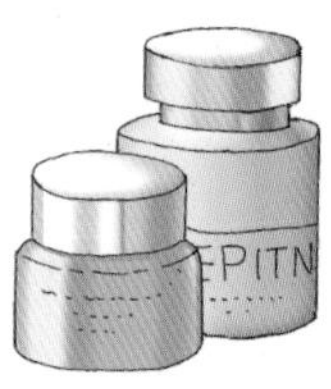

□ کرم مرطوب کننده
수분 크림 케레메 마르톱 코난데

□ کرم دور چشم
아이크림 케레메 도레 체쉼

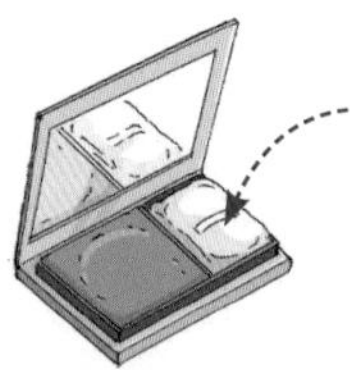

□ پد آرایشی
퍼프 파데 어러예쉬

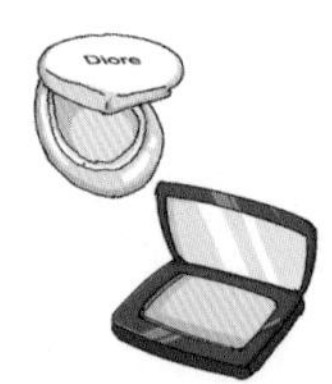

□ کرم پودر 파운데이션 케렘 푸드르

رنگ این کرم پودر به پوست من نمی آید.
랑게 인 케렘 푸드르 베 푸스테 만 네미 어야드.
(랑게 인 케렘 푸드르 베 푸스탐 네미어드.)
이 파운데이션 색조는 내 얼굴에 맞지 않는다.

□ پنکک 판케크
콤팩트

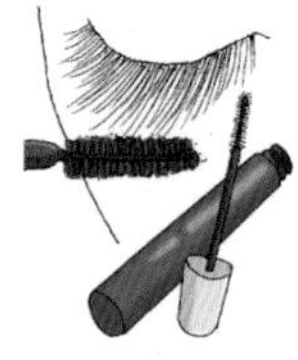

□ ریمل 마스카라 리멜

□ رژ لب 립스틱 로제 랍

□ عطر 향수 아트르

بوی این عطر چطور است؟

부예 인 아트르 체토르 아스트?

(부예 인 아트르 체토레?)

이 향수 냄새 어때요?

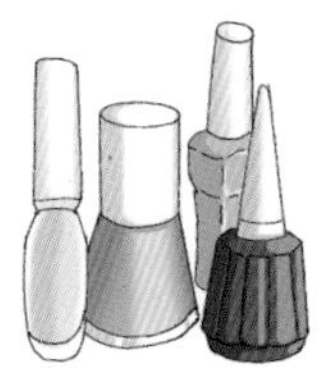

□ لاک ناخن

매니큐어 러케 너콘

□ آرایش کردن 화장하다 어러예쉬 캬르단

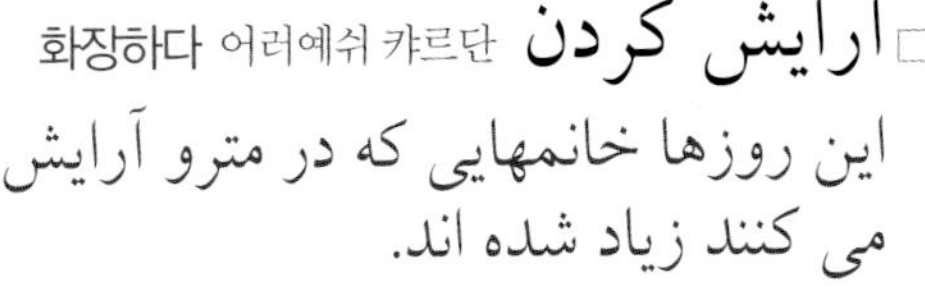

این روزها خانمهایی که در مترو آرایش می کنند زیاد شده اند.

인 루즈허 커놈허이 케 다르 메트로 어러예쉬 미코난드 지어드 쇼데 안드.

(인 루즈허 커놈허이 케 투 메트로 어러예쉬 미코난 지어드 쇼단.)

요즘 지하철에서 화장하는 여자들이 많더라.

Unit 06 لوازم آرایش

관련 단어

- رژ لب مایع 로제 라베 머예 립글로스
- بلاشر 벨러셰르 볼터치
- سایه 써예 아이섀도
- کرم پاک کننده 케레메 퍽 코난데 클렌징크림
- کرم ضد آفتاب 케레메 제떼 어프텁 자외선 차단 크림
- صابون 써분 비누
- مراقبت پوست 모러께바테 푸스트 피부 미용 관리, 스킨케어

A: امروز که ضد آفتاب نزده ام، آفتاب خیلی شدید است.

엠루즈 케 제떼 어프텁 나자데 암, 어프텁 케일리 샤디드 아스트.
(엠루즈 케 제떼 어프텁 나자담, 어프텁 케일리 샤디데.)
오늘 자외선 차단 크림도 안 발랐는데, 햇빛이 너무 강하다.

B: جداً؟ مال من را بزن.

제딴? 멀레 만 러 베잔. (제딴? 멀레 마노 베잔.)
그래? 내 거 빌려 줄게.

A: ممنون. تو خیلی از پوستت خوب مراقبت می کنی.

맘눈. 토 케일리 아즈 푸스타트 쿱 모러께바트 미코니.
고마워. 넌 피부 미용 관리는 정말 잘하는구나!

Unit 07

가전제품 라버제메 커네기 لوازم خانگی

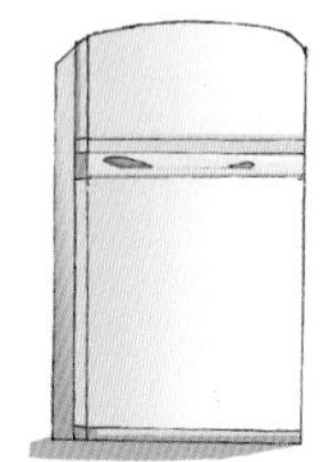

□ يخچال 냉장고 약철

□ تلويزيون 텔레비전 텔레비지온

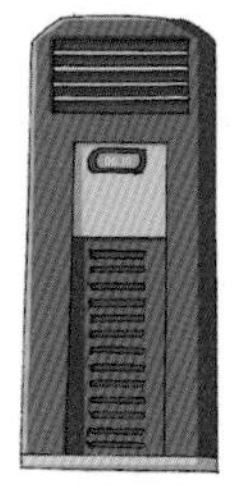

□ مخلوط كن
믹서 마클루트 콘

□ كولر 에어컨 쿨레르

كدام كولر را بخرم، بهتر است؟
코덤 쿨레르 러 베카람, 베흐타르 아스트?
(코둠 쿨레로 베카람 베흐타레?)
에어컨은 어떤 것으로 사면 좋을까요?

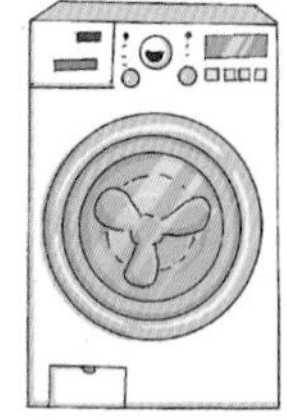

□ ماشين لباس شويى
세탁기 머쉰 레버스 슈이

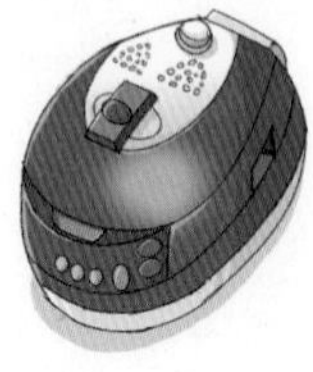

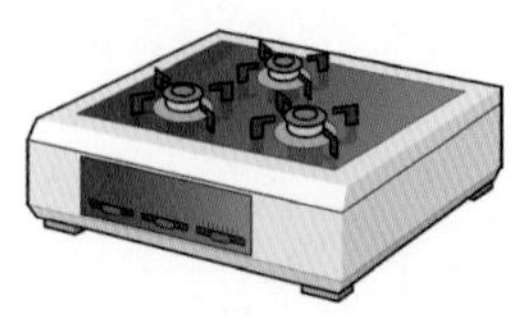

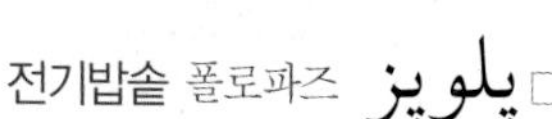

□ پلوپز 폴로파즈 전기밥솥

□ اجاق گاز

가스레인지 오저끄 거즈

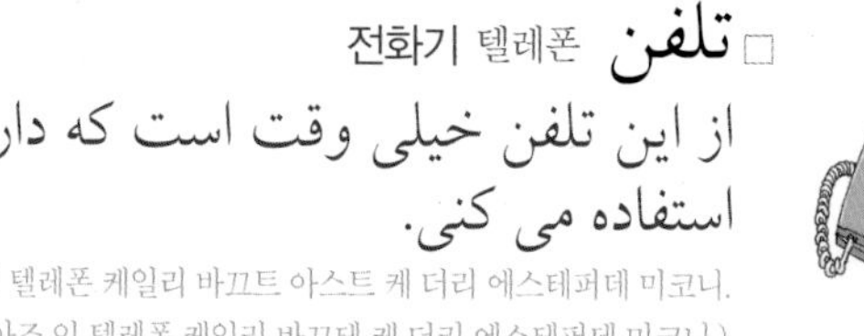

□ تلفن 텔레폰 전화기

از این تلفن خیلی وقت است که داری استفاده می کنی.

아즈 인 텔레폰 케일리 바끄트 아스트 케 더리 에스테퍼데 미코니.

(아즈 인 텔레폰 케일리 바끄테 케 더리 에스테퍼데 미코니.)

이 전화기 무척 오래 쓰는구나.

□ تلفن بی سیم

무선전화기 텔레포네 비씸

□ موبایل 모버일

□ تلفن همراه 텔레포네 함러흐

핸드폰

□ اتو 오투 다리미

관련 단어

- □ پنکه 판케 선풍기
- □ ماکروفر 머크로 페르 전자레인지
- □ کنترل 콘토롤 리모컨
- □ دستگاه بخور 다스트거헤 보쿠르 가습기
- □ ماشین ظرفشویی 머쉰 자르프슈이 식기세척기
- □ روشن کردن 로샨 캬르단 켜다
- □ خاموش کردن 커무쉬 캬르단 끄다

A: باد پنکه کمتر باشد، بهتر است.

버데 판케 캼타르 버샤드, 베흐타르 아스트.
(버데 판케 캼타르 버셰, 베흐타레.)
선풍기 바람 조금만 약하게 했으면 좋겠어.

B: من خیلی گرمم است، آنقدر که می خواهم وارد یخچال بشوم.

만 케일리 갸르맘 아스트, 언까드르 케 미커함 버레데 약철 베샤밤.
(만 케일리 갸르마메, 운까드르 케 미컴 버레데 약철 베샴.)
난 너무 더워서 냉장고 속에라도 들어가고 싶은데.

A: ببخشید. کولر خراب شده…

베박쉬드 쿨레르 카럽 쇼데.
미안해, 에어컨이 고장나서….

귀금속 자버헤르 얼러트 جواهر آلات

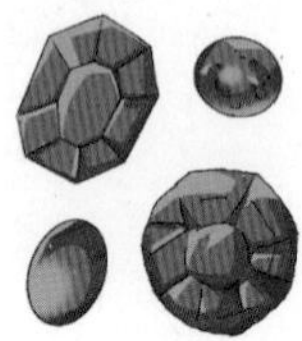

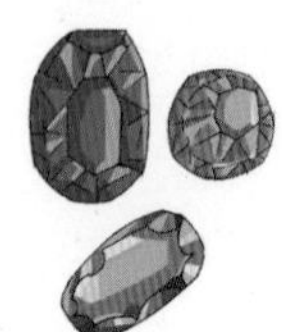

□ یاقوت 루비 여꾸트

زمانی یاقوت مصنوعی گرانتر بود.

자머니 여꾸테 마쓰누이 게런타르 부드.

한때 인조 루비가 더 비싼 적이 있었다.

□ یاقوت کبود

사파이어 여꾸테 캬부드

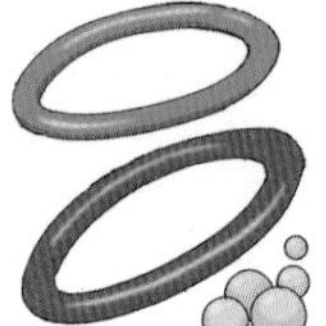

□ مروارید 진주 모르버리드

□ یشم سبز 옥 야쉬메 싸브즈

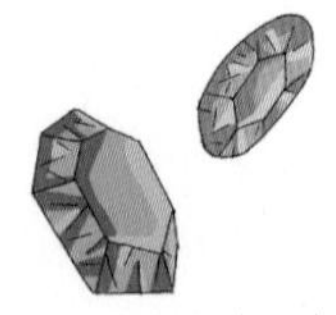

□ زمرد

에메랄드 조모로드

□ کریستال

수정 케리스털

□ الماس

다이아몬드 알머스

관련 단어

- □ جواهر 자버헤르 보석
- □ طلا 탈러 금
- □ نقره 노끄레 은
- □ کهربا 캬흐로버 호박
- □ مرجان 마르전 산호
- □ فیروزه 피루제 터키석
- □ سنگ ماه تولد 쌍게 머헤 타발로드 탄생석
- □ روکش طلا 루케셰 탈러 금도금
- □ اصل 아쓸 진짜의
- □ تقلبی 타갈로비 가짜의
- □ کالای تقلبی 컬러예 타갈로비 모조품

A: این انگشتر، الماس اصل است. درست است دیگر؟

인 앙고쉬타르, 알머쎄 아쓸 아스트. 도로스트 아스트 디갸르?

(인 앙고쉬타르, 알머쎄 아쓸레. 도로스테 디게?)

이거 진짜 다이아몬드 반지 맞니?

B: البته این را شوهرم خریده و به من داده است. وقعا قشنگ است، نه؟

알바테 인 러 쇼하람 카리데 바 베 만 더데 아스트. 버께안 까샹그 아스트, 나?

(알바테 이노 쇼하람 카리데오 베헴 더데. 버께안 까샹게, 나?)

그럼, 남편이 사준 건데. 정말 예쁘지?

Unit 09

제과 쉬리니 파지 شیرینی پزی

□ شکلات 초콜릿 쇼콜러트

□ بیسکویت 비스킷 비스퀴트

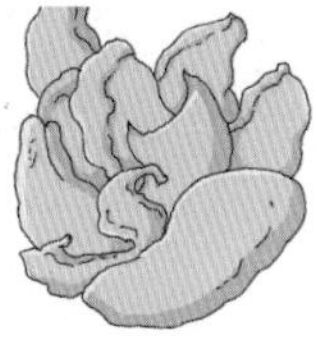

□ چیپس 포테이토칩 칩쓰

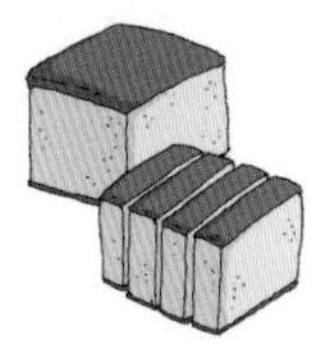

□ کیک اسفنجی
카스텔라 케이케 에스퐌쥐

□ شیرینی یزدی
머핀 쉬리니예 야즈디

□ کیک تولد
생일 케이크 케이케 타발로드

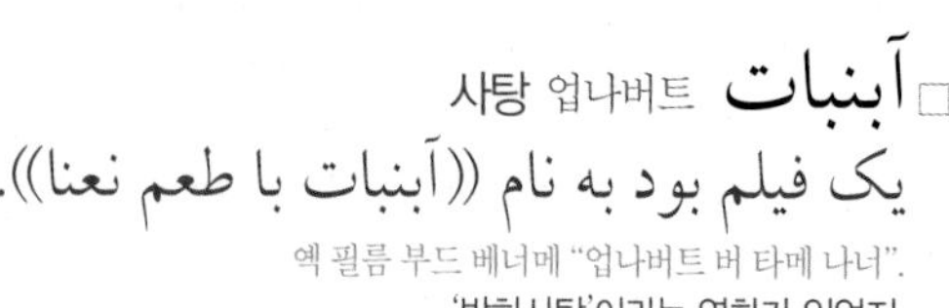

□ آبنبات 사탕 업나버트
یک فیلم بود به نام ((آبنبات با طعم نعنا)).
예 필름 부드 베너메 "업나버트 버 타메 나너".
'박하사탕'이라는 영화가 있었지.

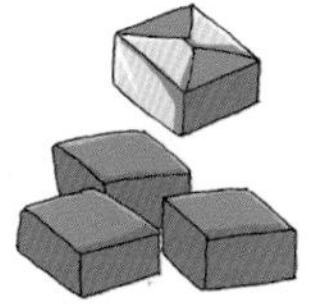

□ كارامل
캐러멜 커러멜

관련 단어

□ آدامس 어덤스 껌
□ پای 퍼이 파이
□ تکه 테케 조각, 덩어리
□ نان 넌 빵(화덕에 구운)
□ شمع 샴 초
□ تزیین 타진 장식

A: بابا، وقتی از سر کار برمی گردید، لطفا نان بخرید.
버버, 바끄티 아즈 싸레 커르 바르 미갸르디드, 로트판 넌 베카리드.
(버버 바끄티 아즈 싸레 커르 바르 미갸르딘, 로트판 눈 베카린.)
아빠, 퇴근하실 때 빵 좀 사다 주세요.

B: باشه. چه نانی؟
버셰. 체 너니? (버셰. 체 누니?)
그래, 무슨 빵?

A: یک دفعه دلم نان بربری خواست.
예 다페 델람 너네 바르바리 커스트.
(예 다페 델람 누네 바르바리 커스트.)
갑자기 바르바리 빵이 먹고 싶어요.

복습문제 سوالات مروری

1 다음 그림과 단어를 연결해 보세요.

سکه　　صندوقدار　　مشتری　　فروشنده　　اسکناس

2 다음 보기에서 단어를 골라 빈칸에 써넣어 보세요.

a) جواهر　　لوازم خانگی　　لوازم آرایش
　 لوازم آشپزی　　لوازم التحریر
b) نمک　　آرد گندم　　نان　　نوشیدنی　　میوه

a) 필기구 ________　주방용품 ________　가전제품 ________
　 보석 ________　화장품 ________

b) 밀가루 ________　소금 ________　음료수 ________
　 빵 ________　과일 ________

3 다음 단어를 이란어 혹은 우리말로 고쳐 보세요.

a) 스웨터 ________　바지 ________　반바지 ________
　 조끼 ________　단추 ________

b) 치마 ________　스카프 ________　귀걸이 ________
　 목걸이 ________　블라우스 ________

c) کتونی ________ کمربند ________

دستکش ________ کراوات ________

جوراب ________

d) عطر ________ آرایش کردن ________

کرم پودر ________ رژ لب ________

بلاشر ________

4 다음 빈칸에 알맞은 이란어를 써넣어 보세요.

a) 리모컨은 어디 있니?

________ کجاست؟

b) 가습기를 켜시지 그래요?

چطور است که ________ را روشن کنید؟

c) 나는 전기밥솥을 사고 싶다.

می خواهم ________ بخرم.

d) 대부분의 여자들은 보석을 좋아한다.

بیشتر خانم ها ________ دوست دارند.

e) 이게 진짜 다이아몬드 반지인가요?

این انگشتر ________ حقیقی است؟

f) 나는 그녀의 수정 같은 눈을 사랑한다.

من عاشق چشم او که مثل ________ است هستم.

g) 아내는 내 생일 케이크를 만들었다.

خانمم ________ من را درست کرد.

h) 어린이는 사탕을 좋아한다.

بچه ها _______ دوست دارند.

정답

1 계산원 – صندوقدار 점원 – فروشنده 고객 – مشتری
동전 – سکه 지폐 – اسکناس

2 a) لوازم التحریر لوازم آشپزی لوازم خانگی جواهر
لوازم آرایش
b) آرد گندم نمک نوشیدنی نان میوه

3 a) ژاکت کاموایی شلوار شلوار کوتاه جلیقه دکمه
b) دامن شال گوشواره گردنبند بلوز
c) 운동화 벨트 장갑 넥타이 양말
d) 향수 화장하다 파운데이션 립스틱 볼터치

4 a) کنترل b) دستگاه بخور c) پلوپز d) جواهر
e) الماس f) کریستال g) کیک تولد h) آبنبات

Theme 9

➜ 스포츠 바르제쉬 ورزش
취미 싸르갸르미 سرگرمی

스포츠 바르제쉬 ورزش

개인 스포츠 바르제셰 엔페라디 ورزش انفرادی

□ بولینگ 볼링
볼링

□ گلف 골프
골프

□ تنیس 테니스
테니스

□ بوکس 권투 복스

در رم باستان ورزش بوکس وحشتناک بود.
다르 로메 버스턴 바르제셰 복스 바흐샤트낙 부드.
로마 시대의 권투는 무시무시했다.

□ بیلیارد
당구 빌리어르드

□ موج سواری
서핑 모즈 싸버리

□ماهی گیری
낚시 머히기리

□اسکیت 인라인스케이팅 에스케이트
او از اسکیت لذت می برد.
우 아즈 에스케이트 레자트 미바라드.
(우 아즈 에스케이트 레자트 미바레.)
그는 인라인스케이팅을 즐긴다.

관련 단어

□اسکیت روی یخ 스케이팅 에스케이트 루예 야크
□اسکیت برد 스케이트보드 에스케이트 보르드
□دوچرخه سواری 사이클링 도차르케 싸바리
□اسب سواری 승마 아습 싸바리
□کشتی 레슬링 코쉬티
□اسکی 스키 에스키
□چتربازی 스카이다이빙 차트르 버지
□غواصی 스쿠버다이빙 까버씨
□اسنوبرد 스노보딩 에스노보르드
□شنا 수영 셰너
□کوه نوردی 등산 쿠흐 나바르디
□یوگا 요가 요거

단체 스포츠 바르제셰 고루히 ورزش گروهی

☐ بیس بال 야구 베이스벌

ایرانیان معمولاً بیس بال بازی نمی کنند.

이러니연 마물란 베이스벌 버지 네미 코난드.
(이러니허 마물란 베이스벌 버지 네미코난.)

이란 사람들은 보통 야구를 하지 않는다.

☐ فوتبال 축구 푸트벌

همه ی مردم فوتبال را دوست دارند.

하메예 마르돔 푸트벌 러 두스트 더란드.
(하메예 마르돔 푸트벌로 두스트 더란.)

축구는 국민 모두가 좋아한다.

☐ بسکتبال
농구 바스케트벌

☐ والیبال
배구 벌리벌

☐ قایق سواری
래프팅 꺼옉 싸버리

관련 단어

- هاکی 하키 허키
- پینگ پنگ 탁구 핑퐁
- هندبال 핸드볼 한드벌
- وسایل ورزشی 운동 기구 바써옐레 바르제쉬
- توپ فوتبال 축구공 투페 푸트벌
- راکت 라켓 러켓
- کفش کوه نوردی 등산화 캬프셰 쿠흐 나바르디
- قلاب ماهیگیری 낚싯대 꼴러베 머히기리
- طعمه ی ماهیگیری 미끼, 낚싯밥 토으메예 머히기리
- کرنومتر 스톱워치 코르노메트르
- لباس غواصی 잠수복 레버쎄 까버씨
- فین 물갈퀴, 오리발 핀
- کپسول اکسیژن 산소통 캅쑬레 옥씨젠
- دستگاه تنفسی زیر آبی 수중 호흡기 다스트거헤 타나포씨에 지레 어비

수영장 에스타크르 استخر

□ شیرجه زدن

다이빙하다 쉬르제 자단

□ تخته ی شیرجه

다이빙대 타크테예 쉬르제

□ گرم کردن بدن

준비운동 가름 캬르다네 바단

□ شنا 수영 셰너

شنا کردن در آب روان خطرناک است.

셰너 캬르단 다르 어베 라번 카타르넉 아스트.

(셰너 캬르단 투 어베 라분 카타르너케.)

흐르는 물에서 수영하는 것은 위험하다.

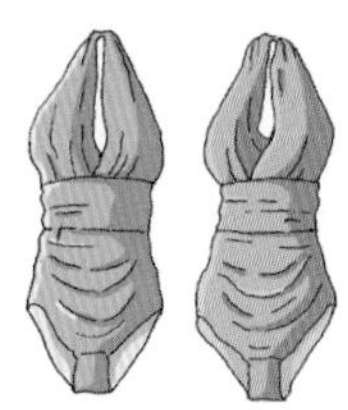

□ لباس شنا

수영복 레버쎄 셰너

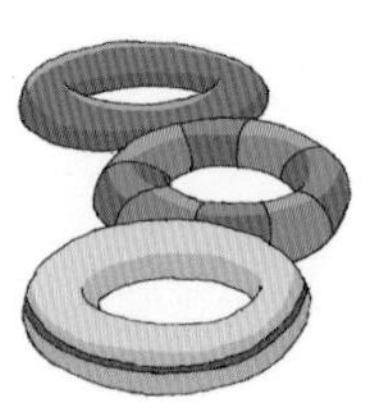

□ حلقه ی شنا

튜브 할께예 셰너

□ عینک شنا

물안경 에이나케 셰너

관련 단어

- □ شنای آزاد 셰너예 어저드 자유형
- □ شنای قورباغه 셰너예 꾸르버께 평영
- □ شنای پروانه 셰너예 파르버네 접영
- □ کرال پشت 케럴레 포쉬트 배영
- □ نجات غریق 네저트 까리끄 안전 요원
- □ جلیقه ی نجات 젤리께예 네저트 구명조끼
- □ گرفتگی عضلات 케레프테기예 아졸러트
- اسپاسم 에스퍼슴 쥐, 경련
- □ سرسره 쏘르쏘레 미끄럼틀
- □ خط 카트 (수영장의) 레인
- □ کلاه شنا 콜러헤 셰너 수영 모자
- □ بیکینی 비키니 비키니

헬스클럽 버쉬거 باشگاه

□ تردمیل 러닝머신 테레드 밀

□ اسکی فضایی
사이클론 에스키에 파저이

□ هالتر 역기 헐테르

من هر روز صبح هالتر می زنم.
만 하르루즈 쏩 헐테르 미자남.
나는 아침마다 역기로 운동을 한다.

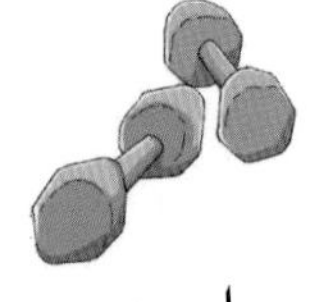

□ دمبل 아령 담벨

□ مربی 코치 모랍비

□ بارفیکس 턱걸이 버르픽스

□ دراز نشست
윗몸일으키기 데러즈 네샤스트

□ شنا رفتن
팔굽혀펴기 셰너라프탄

관련 단어

□ ایروبیک 에어로빅 에이로빅
□ طناب بازی 줄넘기 타넙버지
□ ورزش کردن 운동하다 바르제쉬 캬르단

A: چطور است که با هم به باشگاه برویم؟
체토르 아스트 케 버함 베 버쉬거흐 베라빔.
(체토레 케 버함 베 버쉬거 베림.)
우리 같이 헬스클럽에 다니는 건 어떨까?

B: حوصله ندارم. خودت برو.
호쎌레 나더람, 코데트 보로.
귀찮아. 너나 다녀.

A: ورزش نکنی واقعا چاق می شوی ها!
바르제쉬 나코니 버께안 처끄 미샤비 허!(바르제쉬 나코니 버께안 처끄 미시 허!)
너 운동 안하다가는 정말 뚱뚱해진다!

취미 싸르갸르미 سرگرمی

□ کتاب خوانی
독서 케텁커니

□ بافندگی 뜨개질 버판데기

□ گل دوزی
자수 골두지

□ اوریگامی
종이접기 오리거미

□ مدل سازی
모형 제작 모델써지

□ سرامیک 도예 쎄러믹

سرامیک کاری را یاد گرفتم و این لیوان را درست کردم.

쎄러믹 커리 러 여드 게레프탐 바 인 리번 러 도로스트 캬르담.
(쎄러믹 커리로 여드 게레프타모 인 리버노 도로스트 캬르담.)
이 컵은 내가 도예를 배워 만든 거야.

□ رصد
천체 관측 라싸드

관련 단어

- □ خیاطی 카이여티 바느질
- □ عکس برداری 악스 바르더리 사진 촬영
- □ صنایع دستی 싸너예 다스티 수공예
- □ آشپزی 어쉬파지 요리
- □ جمع آوری تمبر 잠어바리예 탐브르 우표 수집
- □ تکه های پازل را بهم وصل کردن 테케허예 퍼젤 러 베 함 바쓸 캬르단 조각 퍼즐 맞추기
- □ خوشنویسی 코쉬네비씨 서예
- □ شطرنج 샤트란즈 체스

مکالمه

A: سرگرمی شما چیست؟
싸르갸르미예 쇼머 치스트? (싸르갸르미툰 치에?)
취미가 뭐예요?

B: عکس گرفتن را دوست دارم.
악스 게레프탄 러 두스트 더람. (악스 게레프타노 두스트 더람.)
사진 찍는 걸 좋아해요.

A: چه سرگرمی خوبی!
체 싸르갸르미예 쿠비!
좋은 취미를 가지셨네요!

B: من هم اینطوری فکر می کنم.
만 함 인토리 페크르 미코남.
저도 그렇게 생각한답니다.

이란 문화 엿보기 | 이란에서 사진 찍을 때 주의할 점

이란에서 사진을 찍을 때에는 몇 가지 주의할 점이 있다. 거리를 배경으로 사진을 찍고 싶을 때에는 주위에 사진촬영 금지 표지판이 없는지, 정부 부처의 건물은 없는지 잘 살펴야 한다.
여행지에서의 야외 촬영은 상관없지만, 테헤란과 같은 대도시에서는 거리 어느 곳에 정부 관련 사무실이 있는지, 군사 관련 시설이 있는지 알아내기 힘들기 때문에 더욱 주의를 기울여야 한다.

카페나 식당 등에서 친구들과 함께 사진을 찍는 경우에도 주변에 피해가 가지 않도록 주의한다. 일부 보수적인 이란 여성들은 다른 사람의 사진에 자신이 우연히라도 찍히는 것을 원하지 않는다.

이란인 친구와 함께 집에서 사진 찍을 때에도, 만약 그 친구가 독실한 무슬림이라면 히잡 없이 사진 찍는 것을 꺼릴 것이다.

이러한 점들을 문화적 차이로 이해하고 존중하는 자세가 필요하다.

Unit 05

카드 게임 바라끄 버지 ورق بازی

□ آس
에이스(A) 어쓰

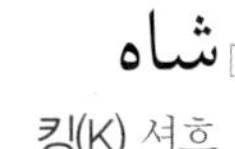

□ شاه
킹(K) 셔흐

□ بی بی
퀸(Q) 비비

□ سرباز
잭(J) 싸르버즈

□ گشنیز
클로버(♣) 게쉬니즈

□ جوکر
조커(JOKER) 조케르

케쉬트 □ خشت
다이아몬드(◆)

피크 □ پیک
스페이드(♠)

델 □ دل
하트(♥)

1 인간
2 가정
3 수
4 도시
5 교통
6 업무
7 경제 · 사회
8 쇼핑
9 스포츠 · 취미
10 자연

Unit 05 ورق بازی

관련 단어

- ☐ ورق ها 바라끄허 트럼프
- ☐ یک دسته کارت 옉 다스테 커르트 카드 한 벌
- ☐ بر زدن 보르 자단 (카드를) 섞다
- ☐ پخش کردن کارتها 팍쉬 캬르다네 커르트허 카드 배분
- ☐ نوبت 노바트 차례
- ☐ بردن 보르단 이기다
- ☐ باختن 버크탄 지다
- ☐ شرط بندی کردن 샤르트 반디 캬르단 내기하다

A: بیا ورق بازی کنیم.
비여 바라끄 버지 코님.
우리 카드 게임하자.

B: من بلد نیستم.
만 발라드 니스탐.
난 못 하는데.

A: بلد نیستی؟ آسان است. بیا بهت یاد می دهم.
발라드 니스티? 어썬 아스트. 비어 베헤트 여드 미다함.
(발라드 니스티? 어쑤네. 비어 베헤트 여드 미담.)
그걸 못한다구? 쉬워. 내가 가르쳐 줄게.

여행 싸파르 سفر

□ توریست 투리스트
گردشگر 관광객 갸르데쉬갸르

گردشگران معمولا به این مکانهای تاریخی می آیند.

갸르데쉬갸런 마물란 베 인 마컨허예 터리키 미어얀드.
(갸르데쉬갸런 마물란 베 인 마컨허예 터리키 미언.)
관광객들은 주로 이 유적지를 찾는다.

□ تور شبانه
야간 관광 투레 샤버네

□ دیدن کردن
관광하다 디단 캬르단

□ اثر هنری
예술품 아싸레 호나리

□ سکوی دید
전망대 싸쿠예 디드

□ سوغاتی 기념품 쏘꺼티

این سوغاتی را برای تو خریدم.
인 쏘꺼티 러 바러예 토 카리담.
(인 쏘꺼티로 바러토 카리담.)
이 기념품은 너 주려고 사온 거야.

관련 단어

□ آژانس مسافرتی 여행사 어전쎄 모써페라티

□ رزرو 예약 레제르브

□ مدت مرخصی 휴가 기간 모따테 모라카씨

□ راهنمای تور 가이드, 관광 안내원 러흐나머예 투르

□ سفر یک روزه 당일 여행 싸파레 옉루제

□ سفر گروهی 단체 여행 싸파레 고루히

□ سفر خارج از کشور 해외 여행 싸파레 커레즈 아즈 케쉬바르

□ سفر دریایی 선박 여행 싸파레 다리여이

□ دریا زدگی 뱃멀미 다리여 자데기

□ اتوبوس گردشگری 관광 버스 오토부쎄 갸르데쉬갸리

□ مسیر گردشگری 관광 코스 마씨레 갸르데쉬갸리

□ مکان های تاریخی 유적지, 옛터 마컨허예 터리키

□ وقت فعالیت های آزاد

자유 시간 바끄테 파얼리야트허예 어저드

A: من از شنبه مرخصی ام. می آیی مسافرت برویم؟

만 아즈 샴베 모라카씨암. 미어이 모써페라트 베라빔?

(만 아즈 샴베 모라카씨얌. 미어이 모써파레트 베림?)

나 토요일부터 휴가야. 같이 여행 가지 않을래?

B: متاسفم. قبلاً یک سفر خانوادگی را در آژانس رزرو کرده ام.

모타아쎄팜. 까블란 액 싸파레 커네버데기 러 다르 어전스 레제르브 캬르데암.

(모타아쎄팜. 까블란 예 싸파레 쿠네버데기로 투 어전스 레제르브 캬르담.)

미안, 벌써 가족이랑 가려고 여행사에 예약했는데….

일광욕 함마메 어프텁 حمام آفتاب

1 عینک آفتابی
선글라스 에이나케 어프터비

2 سایه بان کنار دریا
비치파라솔 써예버네 케너레 다리여

3 بیکینی 비키니
비키니 머요예 도테케 مایوی دو تکه

□ کرم ضد آفتاب 케레메 제떼 어프텁
자외선 차단 크림

□ موج 파도 모즈

صدای موج واقعا آرام بخش است.

쎄더예 모즈 버께안 어럼박쉬 아스트.
(쎄더예 모즈 버께안 어럼박셰.)
파도 소리가 정말 고요하다.

□ صدف 조개 싸다프

در ساحل صدف زیاد است.

다르 써헬 싸다프 지여드 아스트.
(투 써헬 싸다프 지어데.)
해변가에 조개가 많다.

관련 단어

- □ دریا 다리여 바다
- □ ساحل 써헬 해변
- □ خورشید 코르쉬드 / آفتاب 어프텁 태양
- □ شن 션 / ماسه 머쎄 모래
- □ مرغ دریایی 모르께 다리여이 갈매기
- □ طلوع آفتاب 톨루에 어프텁 일출
- □ غروب آفتاب 꼬루베 어프텁 일몰
- □ کلاه لبه دار 콜러헤 라베 더르 차양 모자

A: پوستم خیلی سوخته است. می سوزد.
푸스탐 케일리 쑤크테 아스트. 미쑤자드. (푸스탐 케일리 쑤크테, 미쑤제.)
나 피부가 너무 많이 탔나 봐. 따가워.

B: می خواهی برویم داخل؟
미커히 베라빔 더켈? (미커이 베림 더켈?)
그만 안으로 들어갈까?

A: باشه. برویم. ماسک خیار باید بگذارم.
버셰. 베라빔. 머스케 키여르 버야드 베고저람.
(버셰. 베림. 머스케 키여르 버야드 베저람.)
그래. 들어가서 오이팩 좀 해야겠어.

1 인간 · 2 가정 · 3 수 · 4 도시 · 5 교통 · 6 업무 · 7 경제 · 사회 · 8 쇼핑 · 9 스포츠 · 취미 · 10 자연

텔레비전 텔레비지온 تلویزیون

□ کانال تلویزیون
컨널레 텔레비지온
텔레비전 채널

□ کمدین
개그맨 코메디안

□ مجری
사회자 모즈리

□ پخش زنده
생중계 팍셰 젠데

□ مفسر 해설자 모파쎄르
آن مفسر اصلا جالب نیست.
언 모파쎄르 아슬란 절렙 니스트.
저 해설자 정말 재미없게 하네.

□ تبلیغات 광고 타블리꺼트

관련 단어

- □ رسانه های جمعی 레써네허예 잠이 매스컴
- □ بیننده و شنونده 비난데 바 셰나반데 시청자
- □ تولیدکننده برنامه 톨리드 코난데예 바르너메 프로듀서, PD
- □ هنرمند 호나르만드 연예인
- □ هنرپیشه ی رادیو 호나르피셰예 러디오 성우
- □ خواننده 커난데 가수
- □ سریال 쎄리열 드라마, 연속극
- □ برنامه 바르너메 프로그램
- □ مصاحبه ی اختصاصی 모써헤베예 에크테써씨 독점 취재
- □ پخش برنامه ی ضبط شده 팍셰 바르너메예 잡트 쇼데 녹화방송
- □ پخش مجدد 팍셰 모자다드 재방송

A: وقت پخش سریال است. بزن آن کانال.
바끄테 팍셰 쎄리열 아스트. 베잔 언 커널.
(바끄테 팍셰 쎄리열레, 베잔 운 커널.)
드라마 할 시간이구나. 채널 좀 돌려 봐.

B: نه، نمی شود، مامان. می خواهم بیس بال ببینم.
나, 네미샤바드, 머먼. 미커함 베이스벌 베비남.
(나, 네미셰, 머먼. 미컴 베이스벌 베비남.)
아, 안 돼요, 엄마, 야구 보고 싶어요.

영화 필름 فیلم

❶ صفحه ی نمایش فیلم
영화 스크린 싸페예 나머예셰 필름

❷ صندلی
좌석 싼달리

❸ تماشاگر
타머셔가르

تماشاچی
관객 타머셔치

❹ ذرت بوداده
팝콘 조라테 부더데

□ گیشه ی بلیط
매표소 기셰예 벨리트

چرا جلوی گیشه ی بلیط اینقدر صف طولانیست؟
체러 젤로예 기셰예 벨리트 인까드르 싸프 툴러니스트?
(체러 졸로예 기셰예 벨리트 인까드르 싸프 툴러니예?)
매표소 앞에 왠 줄이 저렇게 길지?

□ بازیگر نقش اول مرد
버지갸레 낙셰 아발레 마르드
남자 주인공

□ بازیگر نقش اول زن
버지갸레 낙셰 아발레 잔
여자 주인공

□ تراژدی 테러제디 비극

□ کارگردان
감독 커르갸르던

□ دکه 닥케 / مغازه 마꺼제 매점

관련 단어

□ سینما 씨나머 영화관

□ نقش 낙쉬 배역, 역할

□ فیلم ترسناک 필르메 타르스낙 공포 영화, 스릴러 영화

□ کارتون 커르톤 만화영화

□ فیلم طنز 필르메 탄즈 / کمدی 코메디 코믹 영화

□ فیلم اکشن 필르메 악션 액션 영화

□ فیلم علمی تخیلی 필르메 엘미 타카윹리 공상 과학 영화

연주회 콘쎄르트 کنسرت

□ارکستر 오르케스트르
관현악단

□رهبر ارکستر
지휘자 라흐바레 오르케스트르

□باتون 지휘봉 버톤

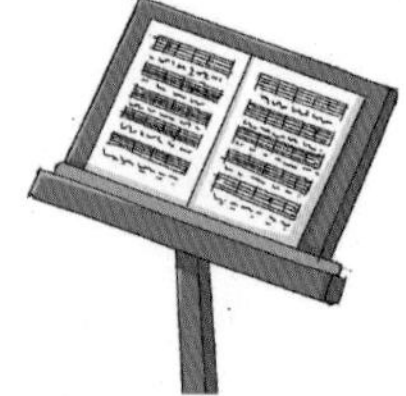

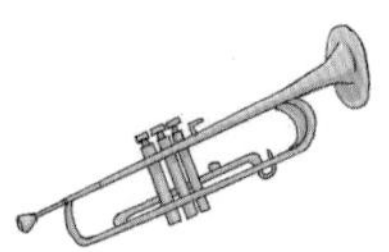

□نت موسیقی
악보 노테 무시끼

□ترومبون
트롬본 테롬본

□ترومپت
트럼펫 테롬페트

□ویولن
바이올린 비올론

□ویولنسل
첼로 비올론쎌

□پیانو
피아노 피어노

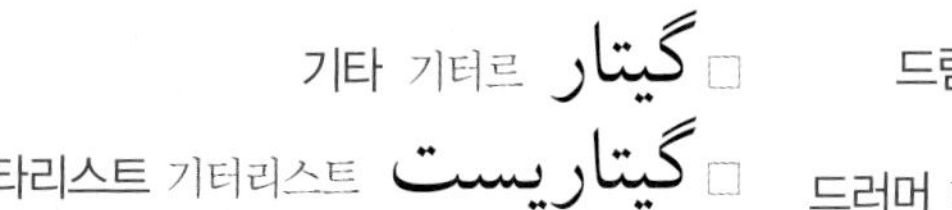

- □ گیتار 기터르 기타
- □ گیتاریست 기터리스트 기타리스트
- □ طبل 타블 드럼
- □ طبال 타벌 드러머

관련 단어

- □ موسیقی دان 무시끼던 음악가, 뮤지션
- □ اپرا 오페러 오페라
- □ سمفونی 쌈포니 교향곡, 심포니

A: واقعا کنسرت زیبایی بود.
버께안 콘쎄르테 지버이 부드.
야, 멋진 공연이었어.

B: آره. نوازنده ی ویولون واقعا فوق العاده بود.
어레. 나버잔데예 비올론 버께안 포꼴러데 부드.
그렇지. 바이올린 연주자 정말 대단하더라.

A: پیانو هم عالی بود.
피어노 함 얼리 부드.
피아노 연주도 훌륭했잖아.

놀이공원 퍼르케 타프리히 پارک تفریحی

□ باغ وحش
동물원 버께 바흐쉬

□ قطار هوایی
롤러코스터 까터레 하버이

□ بادکنک
풍선 버드코낙

어릿광대 달까크 دلقک □

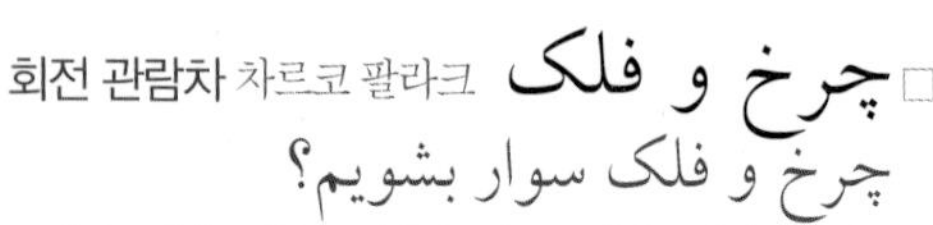

회전 관람차 차르코 팔라크 چرخ و فلک □

چرخ و فلک سوار بشویم؟

차르코 팔라크 싸버르 베사빔? (차르코 팔라크 싸버르 베심?)

우리 회전 관람차도 타볼까?

□ دکه 닥케 / مغازه 마께제
매점

□ پشمک 파쉬막 솜사탕
مامان، من پشمک می خواهم.
머먼, 만 파쉬막 미커함. (머먼, 만 파쉬막 미컴.)
엄마, 나 솜사탕 먹고 싶어.

관련 단어

□ دفتر اطلاعات 다프타레 에텔러어트 안내소

□ وسیله ی نقلیه 바씰레예 나끌리예 탈것(통틀어서 말함)

□ تله کابین 텔레커빈 케이블카

□ ماشین برقی شهر بازی
범퍼카 머쉰 바르끼예 샤흐르버지

□ دیدنی ها 디다니허 구경거리

□ نمایش فک 나머예셰 포크 물개 쇼

□ باغ گیاه شناسی 버께 기여흐 셰너씨 식물원

□ سرسره 쏘르쏘레 미끄럼틀

□ تاب 텁 그네

□ ورودی 보루디 입구

□ خروجی 코루지 출구

복습문제 سوالات مروری

1 다음 단어를 이란어 혹은 우리말로 고쳐 보세요.

a) 볼링 ________ 수영 ________ 낚시 ________
탁구 ________ 스카이다이빙 ________

b) 축구 ________ 야구 ________ 농구 ________
배구 ________ 스케이팅 ________

c) چوب بیس بال ________ کلاه ایمنی ________
راکت ________ ماسک ________

d) 자유형 ________ 튜브 ________ 물안경 ________
수영복 ________ 준비운동 ________

2 다음 보기에서 단어를 골라 빈칸에 써넣어 보세요.

a) تردمیل　دراز نشست　شنارفتن　هالتر　بارفیکس
b) آشپزی　گل دوزی　سرامیک　بافندگی　کتاب خوانی
c) باختن　نوبت　بر زدن　بردن　شرط بندی کردن

a) 턱걸이 ________ 윗몸일으키기 ________ 역기 ________
러닝머신 ________ 팔굽혀펴기 ________

b) 뜨개질 ________ 요리 ________ 자수 ________
독서 ________ 도예 ________

c) 내기 ________ 이기다 ________ 지다 ________
차례 ________ (카드를) 섞다 ________

3 다음 그림과 단어를 연결해 보세요.

تور شبانه · توریست / گردشگر · دیدن کردن · سکوی دید

4 다음 빈칸에 알맞은 이란어를 써넣어 보세요.

a) 내가 가장 좋아하는 개그맨은 신동엽이다.

_____ که ازش از همه بیشتر خوشم می آید آقای شین دنگ یاب است.

b) TV 광고는 상당히 효과적이다.

_____________ خیلی موثر است.

c) 나는 액션 영화를 좋아한다.

من ______ را دوست دارم.

5 다음 단어를 이란어 혹은 우리말로 고쳐 보세요.

a) 바이올린 ____________ رهبر ارکستر ____________

기타 ____________ 피아노 ____________

نوت موسیقی ____________

b) 풍선 ____________ 동물원 ____________

솜사탕 ____________ دلقک ____________

정답

1 a) بولینگ　شنا　ماهی گیری　پینگ پنگ　چتربازی

b) فوتبال　بیس بال　بسکتبال　والیبال　اسکیت

c) 야구 배트　헬멧　라켓　마스크

d) شنای آزاد　تیوب　عینک شنا　لباس شنا
گرم کردن بدن

2 a) بارفیکس　دراز نشست　هالتر　تردمیل　شنا رفتن

b) بافندگی　آشپزی　گل دوزی　کتاب خوانی　سرامیک

c) شرط بندی کردن　بردن　باختن　نوبت　بر زدن

3 관광객 – گردشگر / توریست　관광하다 – دیدن کردن
야간 관광 – تور شبانه　전망대 – سکوی دید

4 a) کمدینی　b) تبلیغات تلویزیونی　c) فیلم اکشن

5 a) ویولن　지휘자　گیتار　پیانو　악보

b) بادکنک　باغ وحش　پشمک　어릿광대

Theme 10

➜ طبيعت 타비아트 자연

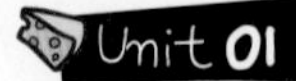

동물 헤이번 حیوان

사자 쉬르 شیر □

ببر □
호랑이 바브르

خرس □
곰 케르스

늑대 고르그 گرگ □

سلام گرگ بی طمع نیست.
쌀러메 고르그 비 타마 니스트.
늑대의 인사는 욕심이 없는 것이 아니다.
(늑대의 접근은 이유 있는 것이다 : 이란 속담)

روباه □
여우 루버흐

فیل □
코끼리 필

گورخر □
얼룩말 구레카르

زرافه □
기린 자러페

☐ شتر
낙타 쇼토르

☐ گوزن
사슴 가바즌

☐ اسب
말 아습

☐ میمون
원숭이 메이문

☐ تمساح
악어 템써

☐ مار
뱀 머르

☐ خوک
돼지 쿠크

☐ سگ
개 싸그

☐ گربه
고양이 고르베

Unit 01 حیوان

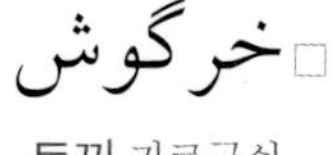
خرگوش
토끼 카르구쉬

گوسفند
양 구스판드

بز
염소 보즈

الاغ 당나귀 올러끄

관련 단어

- موش 쥐 무쉬
- گاو 소 거브
- گاو شیرده 젖소 거베 쉬르데
- همستر 햄스터 함스테르
- گوریل 고릴라 구릴
- پاندا 판다 펀더

☐ اسب آبی 아스베 어비 하마
☐ پنجه 판제 (짐승의) 발톱
☐ شاخ 셔크 뿔
☐ دم 돔 꼬리
☐ سم 솜 발굽
☐ یال 열 (사자, 말 등의) 갈기

A: آن خرس را ببین.
언 케르스 러 베빈.
(운 케르스로 베빈.)
저 곰 좀 봐!

B: وای! بین خرسهایی که تا حالا دیده ام، آن خرس بزرگترین خرس است.
버이! 베이네 케르스허이 케 터 헐러 디데암, 언 케르스 보조르그타린 케르스 아스트.
(버이! 베이네 케르스허이 케 터 헐러 디담, 운 케르스 보조르그타린 케르쎄.)
우와, 지금까지 본 중에 가장 큰 곰이야!

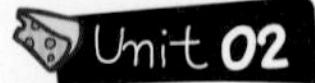

조류 파란데건 پرندگان

□ کلاغ
까마귀 캴러끄

□ شاهین
매 셔힌

□ عقاب
독수리 오겁

□ گنجشک
참새 곤제쉬크

□ پرستو
제비 파라스투

□ کبوتر 비둘기 캬부타르

به کبوترها خوردنی ندهید.

베 캬부타르허 코르다니 나다히드.
(베 캬부타러 코르다니 나딘.)
비둘기에게 먹이를 주지 마세요.

□ مرغ دریایی
갈매기 모르께 다리어이

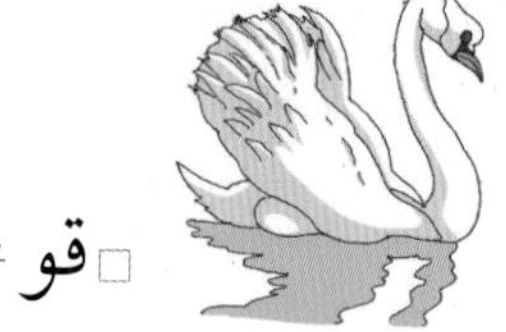

□ قو 백조 꾸

□ جغد
부엉이 조끄드

□ چکاوک
종달새 챠커박

□ طوطی
앵무새 투티

□ مرغ 모르끄
닭, 암탉

□ خروس
수탉 코루스

□ جوجه 주제
병아리, 어린 닭

□ لک لک
학, 두루미 라크 라크

□ شتر مرغ
타조 쇼토르 모르끄

□ پنگوئن 팡구안 펭귄

می گویند قطب شمال پنگوئن ندارد.
미구얀드 꼬트베 쇼멀 팡구안 나더라드.
(미갼 꼬트베 쇼멀 팡구안 나더레.)
북극에는 펭귄이 없대요.

1 인간 2 가정 3 수 4 도시 5 교통 6 업무 7 경제 · 사회 8 쇼핑 9 스포츠 · 취미 10 자연

관련 단어

- □ زاغ 저끄 까치
- □ اردک 오르닥 오리
- □ غاز 꺼즈 거위
- □ پرنده ی مهاجر 파란데예 모허제르 철새
- □ پر 파르 깃털
- □ منقار 멘꺼르 (새의) 부리
- □ پنجه 판제 (동물의) 갈고리 발톱
- □ دم 돔 (조류의) 꼬리털, 꽁지
- □ بال 벌 날개
- □ لانه 러네 둥지

A: دم خروس بلند و دم مرغ کوتاه است.
도메 코루스 볼란드 바 도메 모르끄 쿠터흐 아스트.
(도메 코루스 볼란데오 도메 모르끄 쿠터헤.)
수탉은 꽁지가 길고, 암탉은 꽁지가 짧단다.

B: ا، که اینطور، تا الان نمی دانستم.
에, 케 인토르, 터 알런 네미더네스탐.
(에, 케 인토르, 터 알런 네미두네스탐.)
아, 그렇군요. 지금까지 몰랐어요.

Unit 03

곤충 하샤러트 حشرات

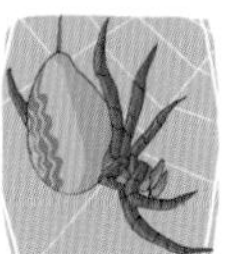

عنکبوت
거미 앙카부트

مگس
파리 마갸쓰

زنبور
벌 잔부르

مورچه 개미 무르체

مورچه ای که بال دارد مورچه ی مذکر است.

무르체이 케 벌 더라드, 무르체예 모자캬르 아스트.

(무르체이 케 벌 더레, 무르체예 모자캬레.)

날개가 달린 개미는 수캐미란다.

بید 나방 비드

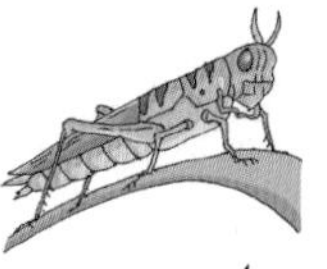

ملخ
메뚜기 말라크

سنجاقک
잠자리 싼저까크

پروانه
나비 파르버네

کفشدوزک
무당벌레 캬프쉬두작

کرم شب تاب
개똥벌레 케르메 샵 탑

1 인간 2 가정 3 수 4 도시 5 교통 6 업무 7 경제·사회 8 쇼핑 9 스포츠·취미 10 자연

☐ سوسک شاخدار

사슴벌레 쑤스케 셔크더르

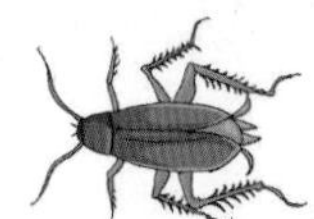

☐ جیرجیرک

귀뚜라미 지르지락

☐ سوسک 바퀴벌레 쑤스크

☐ پشه 모기 파셰

جایی که پشه نیش زده است، خیلی می خارد.

저이 케 파셰 니쉬 자데 아스트, 케일리 미커라드.

(저이 케 파셰 니쉬 자데, 케일리 미커레.)

모기에 물린 곳이 너무 가렵다.

관련 단어

☐ کرم خاکی 지렁이 케르메 커키

☐ عقرب 전갈 아끄랍

☐ هزارپا 지네 헤저르퍼

☐ تخم 알 토큼

☐ لارو 애벌레 러르브

☐ شاخک 더듬이 셔카크

☐ خار (곤충 등의) 침, 가시 커르

Unit 04

어류 머히 ماهی
해양 생물 저네바러네 다르여이 جانوران دریایی

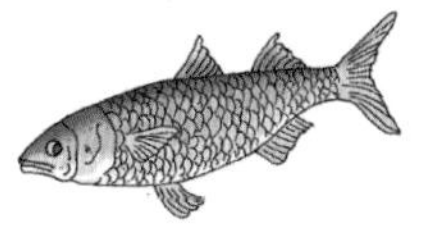

☐ ماهی آزاد
연어 머히예 어저드

☐ ماهی قزل آلا
송어 머히예 게제럴러

☐ ماهی قباد
고등어 머히예 꼬버드

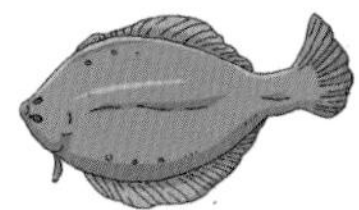

☐ کفشک ماهی
광어 카프샥 머히

☐ کپور
잉어 캬푸르

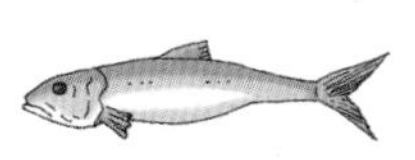

☐ ساردین
정어리 써르딘

☐ ماهی تن
참치 머히예 톤

☐ کوسه
상어 쿠쎄

☐ نهنگ
고래 나항

□ماهی مرکب
오징어 머히에 모라캽

□صدف خوراکی
굴 싸다페 코러키

□هشت پا
문어 하쉬트 퍼

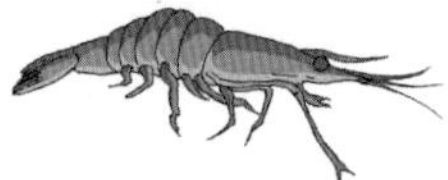

□میگو 새우 메이구

میگو در آب شیرین هم زندگی می کند.

메이구 다르 어베 쉬린 함 젠데기 미코나드.
(메이구 다르 어베 쉬린 함 젠데기 미코네.)
새우는 민물에서도 산다.

□خرچنگ دریایی
바닷가재 카르창게 다리여이

□ماهی قرمز 금붕어 머히에 께르메즈

□خرچنگ
게 카르챵

□لاک پشت 거북 럭포쉬트

لاک پشت نمونه ی حیوانی با عمر طولانی است.

럭포쉬트 네무네예 헤이버니 버 옴레 툴러니 아스트.
(럭포쉬트 네무네예 헤이분 버 옴레 툴러니에.)
거북은 대표적인 장수 동물이다.

관련 단어

- مارماهی 머르머히 장어
- صدف 싸다프 대합, 전복, 조개
- خیار دریایی 키여레 다르여이 해삼
- ستاره ی دریایی 세터레예 다르여이 불가사리
- جلبک 졸박 김, 다시마, 미역
- پولک ماهی 풀라케 머히 (물고기의) 비늘
- باله ماهی 벌레예 머히 지느러미
- دم ماهی 도메 머히 꼬리지느러미
- آبشش ماهی 업쇼세 머히 아가미
- پنجه پره ای 판제 파레이 물갈퀴

A: اسم این ماهی چیست؟
에스메 인 머히 치스트? (에스메 인 머히 치에?)
이 물고기의 이름은 뭐예요?

B: آن ماهی قزل الا است.
언 머히예 게제럴러 아스트. (운 머히예 게제럴러 아스.)
그건 송어란다.

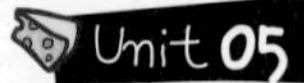

과일과 견과류 미베 바 코쉬크바르 میوه و خشکبار

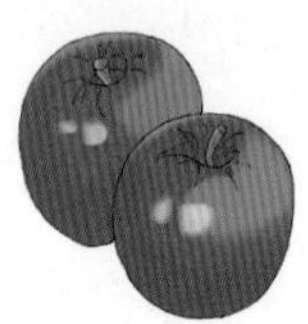

□ سیب
사과 씹

□ گلابی
배 골러비

□ هندوانه
수박 헨데버네(헨두네)

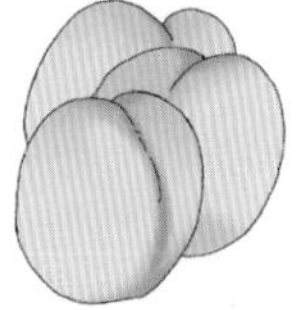

□ نارنگی
귤 너렝기

□ هلو 복숭아 홀루

□ انگور 포도 앙구르

□ توت فرنگی
딸기 투트 파랑기

□ لیمو 레몬 리무

می گویند که اسید سیتریک لیمو زیاد است.
미구얀드 케 아씨드 씨트리케 리무 지어드 아스트.
(미갼 케 아씨드 씨트리케 리무 지어데.)
레몬에는 구연산이 많대요.

□ پرتقال
오렌지 포르테걸

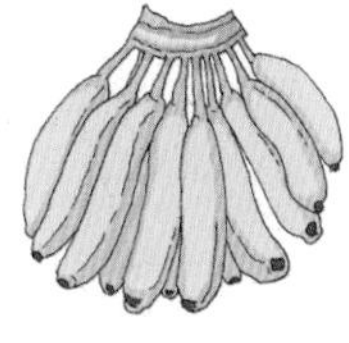

□ موز 바나나 모즈

موز میوه ای است که رنگش خیلی سریع عوض می شود.

모즈 미베이 아스트 케 랑갸쉬 케일리 싸리 아바즈 미샤바드.
(모즈 미베이에 케 랑게쉬 케일리 싸리 아바즈 미셔.)
바나나는 색이 빨리 변하는 과일이다.

□ آناناس
파인애플 어너너스

□ خرمالو
감 코르멀루

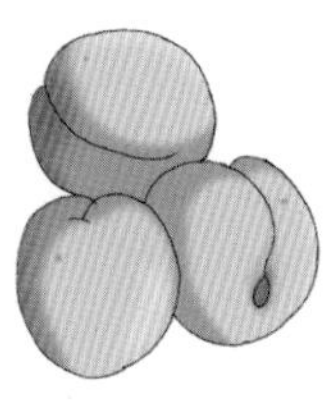

□ زردآلو 살구 자르드얼루

□ گردو
호두 게르두

□ شاهبلوط
밤 셔발루트

□ بادام زمینی
땅콩 버덤 자미니

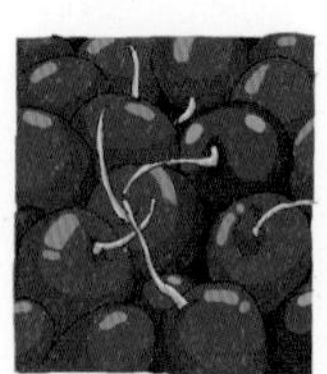

□ انار 아너르 석류

□ آلبالو 얼벌루 / گیلاس 길러쓰
체리

□ خربزه 카르보제
طالبی 털레비 멜론

□ لیمو شیرین 리무 쉬린
스위트 레몬

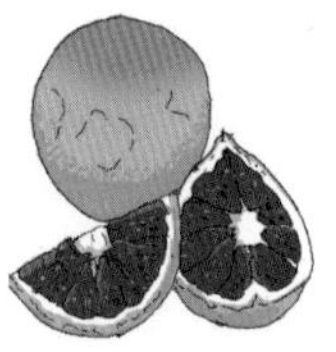

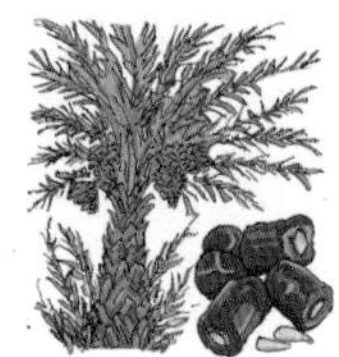

□ پرتقال خونی
피오렌지 포르테껄레 쿠니

□ خرما 코르머 대추야자

□ پسته 페스테 피스타치오

관련 단어

- □ آلو 얼루 자두
- □ کیوی 키위 키위
- □ انبه 안베 망고
- □ انجیر 안지르 무화과
- □ بادام 버덤 아몬드
- □ دانه ی کاج 더네예 커즈 잣
- □ کشمش 케쉬메쉬 건포도

A: گفته می شود آلو میوه ی خوبی برای یبوست است.

고프테 미샤바드 얼루 미베예 쿠비 바러예 요부싸트 아스트.

(고프테 미셰 얼루 미베예 쿠비 바러예 요부싸테.)

자두가 변비에 좋은 과일이래.

B: واقعا؟ من فقط به سیب فکر کرده بودم.

버게안? 만 파까트 베 씨브 페크르 캬르데 부담.

그래? 난 사과만 생각했는데.

A: اگر میوه باشد، همه اش خوب است.

아갸르 미베 버샤드 하마쉬 쿱 아스트.

(아게 미베 버셰 하마쉬 쿠베.)

하긴 과일이라면 거의 다 좋겠지.

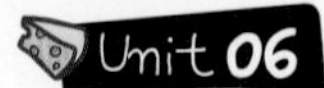

식물 기여흐 گیاه

□ برگ
잎 바르그

□ شاخه 셔케
나뭇가지

□ میوه 미베 열매

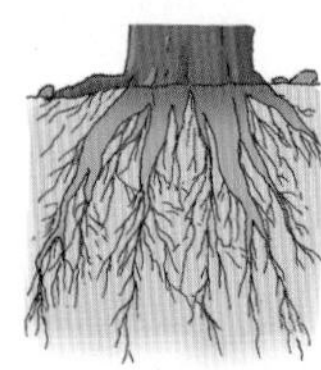

□ پوست درخت
푸스테 데라크트
나무 껍질

□ ریشه ی درخت
리셰예 데라크트
나무 뿌리

□ حلقه ی سالهای عمر درخت
할께예 썰허예 옴레 데라크트 나이테

□ دانه 더네
씨앗

□ جوانه 자버네 싹

□ غنچه 꼰체 봉오리

□ ساقه 써께
줄기

□ نخل 야자수 나클

□ کاج 소나무 커즈

□ سرو 싸르브 사이프러스

□ بلوط 떡갈나무 발루트

관련 단어

□ بید 버드나무 비드

□ خیزران 대나무 케이자런

□ شاه بلوط 밤나무 셔흐 발루트

□ چنار 플라타너스 체너르

□ سپیدار 포플러 쎄피더르

□ افرا 단풍나무 아프러

꽃 골 گل

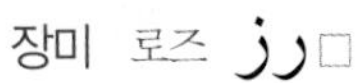

장미 로즈 رز

백합 쑤산 سوسن

튤립 랄레 لاله

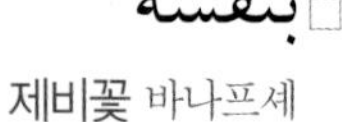

بنفشه
제비꽃 바나프셰

زنبق
붓꽃 잠바끄

اركيده
난초 오르키데

قاصدک
민들레 꺼세닥

نيلوفر آبی
연꽃 닐루파레 어비

국화 더부디 داودی □

تنوع گل های داودی بسیار است

타나보에 골허예 더부디 베씨여르 아스트.

(타나보에 골허예 더부디 베씨여레.)

국화의 종류도 무척 다양하다.

آفتاب گردان □

해바라기 어프텁 갸르던

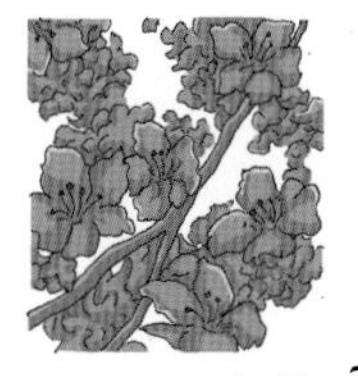

진달래 어절리여 آزالیا □

선인장 컥투스 کاکتوس □

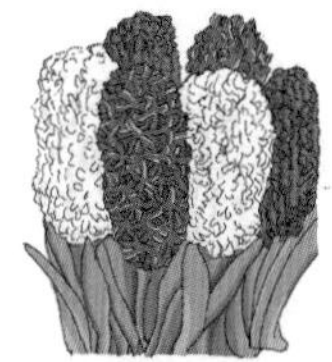

히야신스 쏨볼 سنبل □

장미의 일종 모함마디 محمدی □

데이지 미너 مینا □

양귀비 샤꺼옉 شقایق □

Unit 07 گل

관련 단어

- □ گل صد تومنی 골레 싸드 토마니 모란
- □ یاس زرد 여쎄 자르드 개나리
- □ نیزار 네이자르 갈대
- □ علف هرزه 알라페 하르제 잡초
- □ گلبرگ 골바르그 꽃잎
- □ غنچه 꼰체 꽃봉오리
- □ گرده ی گل 갸르데예 골 꽃가루
- □ زبان گلها 자버네 골허 꽃말

مکالمه

A: می دانید گل ملی ایران چیست؟
미더니드 골레 멜리예 이런 치스트?
(미두니 골레 멜리예 이런 치에?)
이란의 국화(國花)가 무엇인지 아세요?

B: نه، تا حالا نشنیده ام.
나, 터 헐러 나셰니데 암.
(나, 터 헐러 나셰니담.)
아니오, 지금까지 못 들어봤어요.

A: لاله گل ملی ایران است.
럴레 골레 멜리예 이런 아스트.
(럴레 골레 멜리예 이러네.)
튤립이 이란의 국화(國花)예요.

Unit 08

채소 싸브지저트 سبزیجات

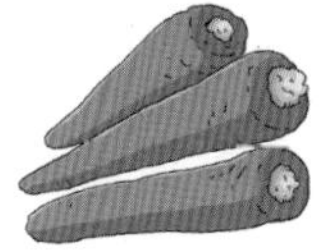

당근 하비지 هویج □

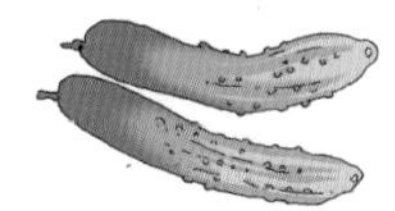

오이 키여르 خیار □

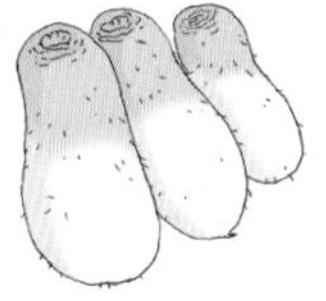

□ ترب
무 토롭

□ سیب زمینی
감자 씨브 자미니

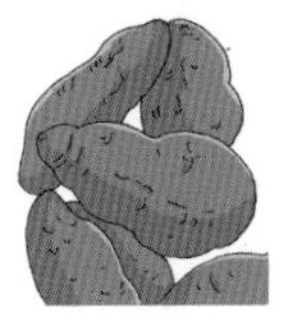

□ سیب زمینی شیرین
고구마 씨브 자미니에 쉬린

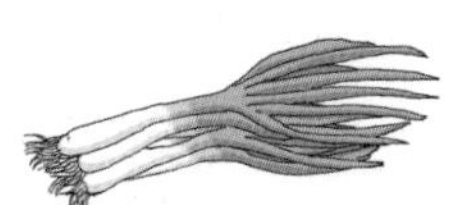

파 타레 파랑기 تره فرنگی □

양파 피어즈 پیاز □

마늘 씨르 سیر □

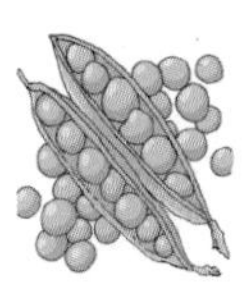

콩 루비여 لوبیا □

□ اسفناج 에스페너즈 시금치

ملوان زبل واقعا اسفناج دوست داشت؟

말라번 제벨 버께안 에스페너즈 두스트 더쉬트?

뽀빠이는 정말 시금치를 좋아했을까?

□ قارچ

버섯 꺼르취

□ فلفل دلمه ای

피망 펠펠 돌메이

□ فلفل 펠펠 고추

فلفل کوچک واقعا تند است.

펠펠레 쿠착 버께안 톤드 아스트.

(펠펠레 쿠칙 버께안 톤데.)

작은 고추가 정말 맵네.

□ گوجه فرنگی

토마토 고제파랑기

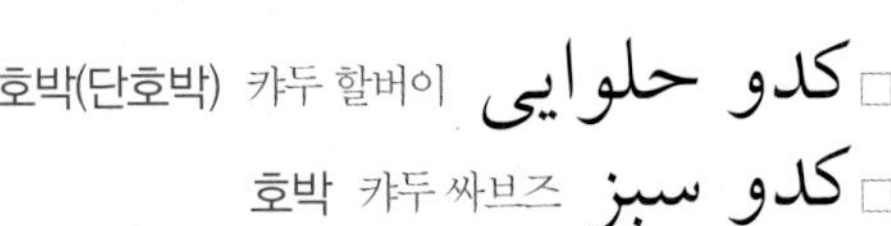

□ کدو حلوایی 카두 할바이 호박(단호박)

□ کدو سبز 카두 싸브즈 호박

□ کلم 양배추 칼람

□ کلم چینی 배추 칼라메 치니

□ چغندر 비트 초간다르

□ شلغم 순무 살감

관련 단어

□ کاهو 상추, 양상추 커후

□ بروکلی 브로콜리 브로클리

□ بادمجان 가지 버뎀전

□ ریشه ی نیلوفر آبی 연근 리셰예 닐루파레 어비

□ زنجبیل 생강 잔제빌

□ جوانه ی لوبیا 콩나물, 숙주나물 자버네예 루비여

풍경 만자레 منظره

□ دریاچه
호수 다리여체

□ رود 루드
رودخانه 강 루드커네

□ دره 계곡 다레

□ فلات 고원 팔러트

□ تپه 언덕, 구릉 타페

□ غار 동굴 꺼르

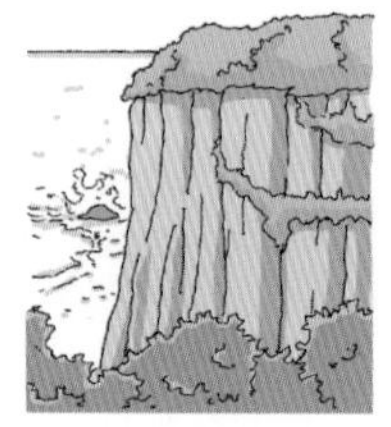

□ آبشار
폭포 업셔르

□ جویبار
개울 주이버르

□ پرتگاه
절벽 파르트거흐

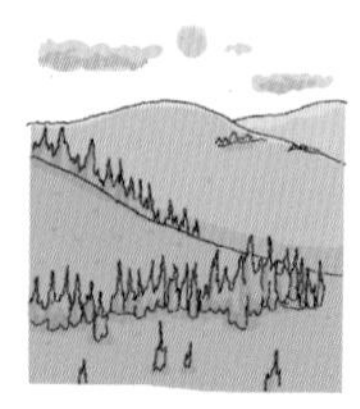

□ دامنه ی کوه
(산)비탈 더마네예 쿠흐

□ جنگل
숲 장갈

□ چمنزار
초원 차만저르

□ کوه
산 쿠흐

□ آتشفشان
화산 어타쉬페션

□ صخره
바위 사크레

관련 단어

□ صحرا 사흐러 / بیابان 비어번 사막
□ ساحل شنی 써헬레 셰니 백사장
□ دریاچه ی آب شور 다리여체예 어베 슈르 소금호수
□ افق 오포그 지평선, 수평선
□ شمال 쇼멀 북쪽
□ غرب 까릅 서쪽
□ شرق 샤르끄 동쪽
□ جنوب 주눕 남쪽

날씨 어보 하버 آب و هوا

□ روز صاف 맑은 날 루제 써프

□ ابر 구름 아브르

□ باد 바람 버드

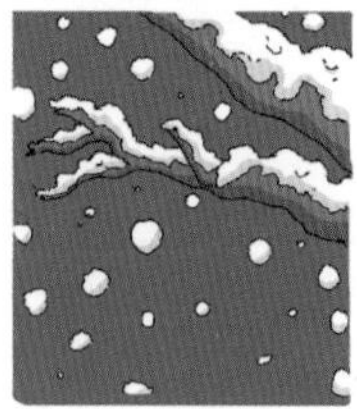

□ برف 눈 바르프

□ باران 비 버런

□ سیل 홍수 쎄일

□ رنگین کمان 무지개 랑긴캬먼

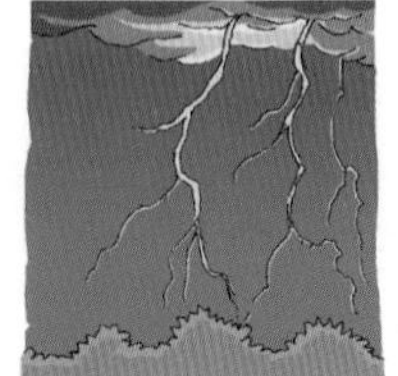

□ مه 안개 메흐

□ صاعقه 번개 써에게

□ قندیل 고드름 깐딜

관련 단어

- □ آسمان 어쎄먼 하늘
- □ تگرگ 타가르그 우박
- □ رگبار 라그바르 소나기
- □ یخ 야크 얼음
- □ طوفان 투펀 폭풍우
- □ رعد و برق 라아도 바르끄 천둥번개
- □ خشکسالی 코쉬크 썰리 가뭄
- □ باد آمدن 버드 어마단 바람이 불다
- □ ابری بودن 아브리 부단 구름끼다
- □ مه آلود بودن 메흐 얼루드 부단 안개가 끼다
- □ باران آمدن 버런 어마단 비가 내리다
- □ برف آمدن 바르프 어마단 눈이 내리다
- □ مرطوب بودن 마르툽 부단 습하다
- □ خشک بودن 코쉬크 부단 건조하다

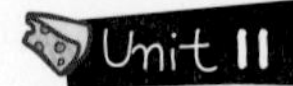

물질 머때 ماده

□فلز
금속 펠레즈

□بنزین
가솔린, 휘발유 벤진

□برق 전기 바르끄

□زغال سنگ 조걸레 쌍그
زغال 석탄 조껄

□جامد 고체 자메드

□مایع 액체 머예

□بخار 기체 보커르

빛 누르 نور □

불 어타쉬 آتش □

열 갸르머 گرما □

토양 커크 خاک / 자민 زمین □

연기 두드 دود □

물 업 آب □

می توانم آب شیر را همین جوری بخورم؟

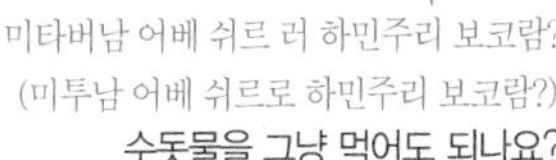

미타버남 어베 쉬르 러 하민주리 보코람?
(미투남 어베 쉬르로 하민주리 보코람?)
수돗물을 그냥 먹어도 되나요?

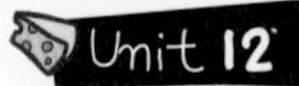

색상 랑그 رنگ

□ مشکی
검은색 메쉬키

□ سفید
흰색 세피드

□ خاکستری
회색 커케스타리

□ زرد
노란색 자르드

□ صورتی
분홍색 쑤라티

□ قرمز
빨간색 께르메즈

□ آبی
파란색 어비

□ آبی تیره
짙은 청색 어비에 티레

□ بنفش
보라색 바나프쉬

□ قهوه ای
갈색 까흐베이

□ نارنجی
주황색 너렌지

□ سبز
녹색 싸브즈

□ نقره ای
은색 노끄레이

□ طلایی
금색 탈러이

□ بژ 베즈 베이지색

آن دختر که شلوار بژی رنگ پوشیده چطور است؟

언 독타르 케 샬버레 베지 랑그 푸쉬데 체토르 아스트?
(운 독타르 케 샬버레 베지 랑그 푸쉬데 체토레?)
베이지색 바지 입은 저 여자 어때?

A: چه رنگی را دوست دارید؟
체 랑기 러 두스트 더리드? (체 랑기로 두스트 더린?)
무슨 색을 좋아하세요?

B: آبی و بنفش را دوست دارم.
어비 바 바나프쉬 러 두스트 더람.
(어비오 바나프쇼 두스트 더람.)
보라색과 파란색을 좋아해요.

우주 파저 فضا

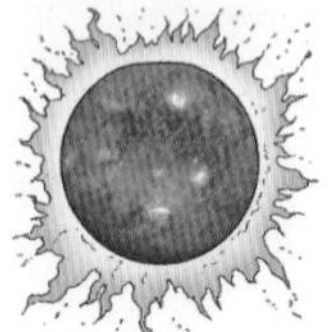

□خورشید
해, 태양 코르쉬드

□سیاره
행성, 혹성 싸여레

□ستاره
별 쎄터레

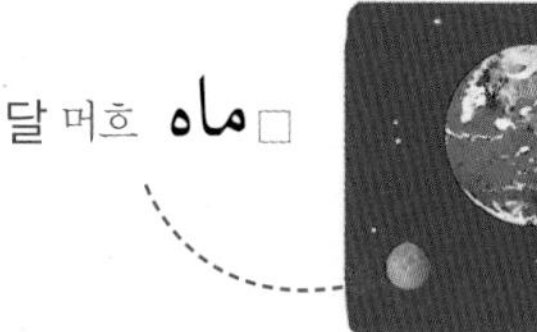

달 머흐 ماه□

□زمین 지구 자민

آینده ی زمین چطور می شود؟
어얀데예 자민 체토르 미샤바드?
(어얀데예 자민 체토르 미셰?)
지구의 미래는 어떻게 될까?

□شهاب سنگ
유성 샤헙 쌍그

□هلال ماه
초승달 헬럴레 머흐

□نیمه ی ماه
반달 니메예 머흐

□ماه کامل
보름달 머헤 커멜

관련 단어

- □ سیستم کهکشانی 씨스테메 캬흐케셔니 은하계
- □ سیستم خورشیدی 씨스테메 코르쉬디 태양계
- □ ونوس 베누쓰 금성
- □ مریخ 메리크 화성
- □ ستاره ی دنباله دار 쎄타레예 돈벌레 더르 혜성
- □ ماهواره 머흐버레 위성
- □ خورشید گرفتگی 코르쉬드 게레프테기 일식
- □ ماه گرفتگی 머흐 게레프테기 월식
- □ ستاره شناسی 쎄터레 셰너씨 천문학
- □ فناوری علم 판너바리예 엘름 과학 기술
- □ فضانورد 파저나바르드 우주 비행사
- □ شاتل فضایی 셔텔레 파저이 우주 왕복선
- □ اشیای ناشناس پرنده 아쉬여예 너셰너쎄 파란데 미확인 비행물체, UFO

1 인간 2 가정 3 수 4 도시 5 교통 6 업무 7 경제·사회 8 쇼핑 9 스포츠·취미 10 자연

Unit 14

지구 코레예 자민 کره زمین

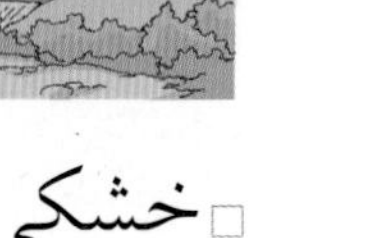

خشکی
육지 코쉬키

اقیانوس
대양 오끼어누스

دریا 바다 다리여

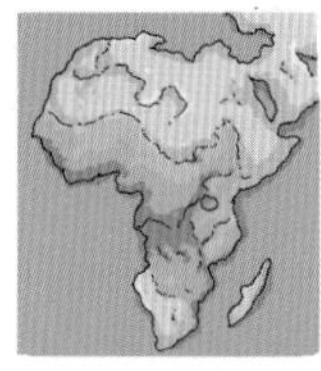

قاره 대륙 꺼레

جزیره
섬 자지레

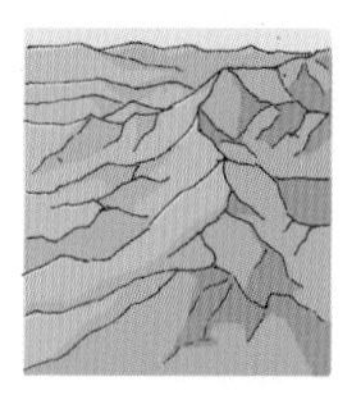

رشته کوه
산맥 레쉬테 쿠흐

خلیج 만 칼리즈

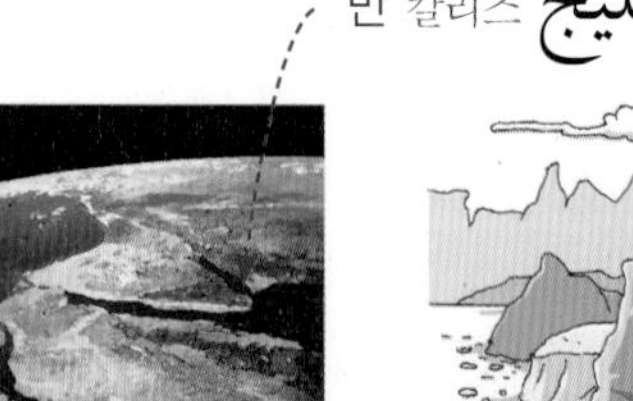

شبه جزیره
반도 셰페 자지레

قطب شمال
북극 꼬트베 쇼멀

قطب جنوب
남극 꼬트베 주눕

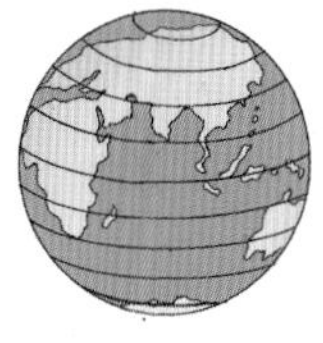

□ خط استوا
카테 에스테버
적도

□ طول جغرافیایی
경도 툴레 조끄러피어이

□ عرض جغرافیایی
위도 아르제 조끄러피어이

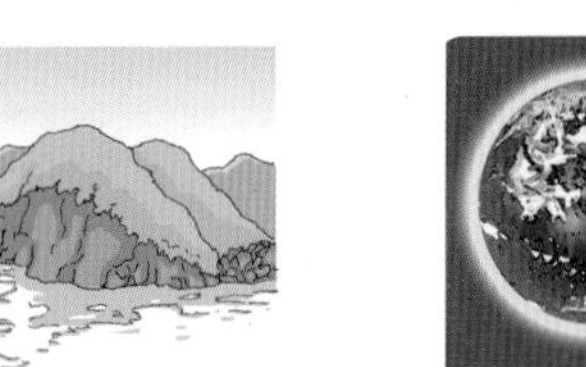

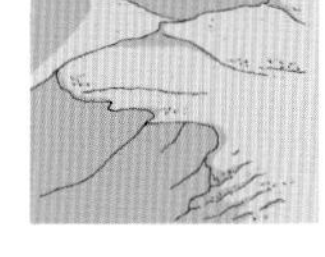

□ هوا
대기 하버

□ تنگه
해협 탕게

□ صحرا
싸흐러

بیابان
사막 비어번

A: در ایران فقط صحرا هست؟
다르 이런 파까트 싸흐러 하스트? (투 이런 파까뜨 싸흐러 하쓰?)
이란에는 사막만 있니?

B: نه، اصلاً. در شمال ایران دریای خزر، و در جنوب ایران خلیج فارس هم هست.
나, 아쓸란. 다르 쇼멀레 이런 다르여예 카자르, 바 다르 주누베 이런 칼리제 퍼르스 함 하스트.
(나, 아쓸란. 투 쇼멀레 이런 다르여예 카자르, 바 다르 주누베 이런 칼리제 퍼르스 함 하쓰.)
아니, 전혀. 이란 북쪽에는 카스피해가 있고, 이란 남쪽에는 페르시아만이 있어.

A: واقعاً؟ نمی دانستم ایران هم آبهای زیادی دارد.
버께안? 네미더네스탐 이런 함 업허예 지어디 더라드.
(버께안? 네미두네스탐 이런 함 어버예 지어디 더레.)
정말? 이란도 물이 많은지 몰랐어.

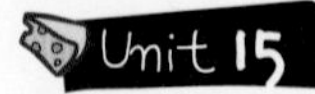

방향 자하트 جهت / 위치 마컨 مكان

□ جلو ↔ □ عقب □ راست ↔ □ چپ

앞 젤로 뒤 아깝 오른쪽 러스트 왼쪽 찹

□ وسط 가운데 바싸트

تیر وسط سیبل خورد.

티르 바싸테 씨블 코르드.

화살이 과녁 가운데 박혔다.

□ داخل 안 더켈

□ خارج 밖 커레즈

آن خانم از داخل خانه شوهرش را بدرقه کرد.

언 커놈 아즈 더켈레 커네 쇼하라쉬 러 바드라게 카르드.

(운 커놈 아즈 더켈레 쿠네 쇼하레쉬로 바드라게 카르드.)

그 여자는 집 안에서 남편을 배웅했다.

□ کنار 케너르 옆

سگ، کنار لانه دارد چرت می زند.

싸그, 케너레 러네 더라드 초르트 미자나드.

(싸그, 케너레 러네 더레 초르트 미자네.)

개가 개 집 옆에서 졸고 있다.

□ بالا 벌러 위

□ پایین 퍼인 아래, 밑

□ طرف مقابل

건너편 타라페 모꺼벨

□ بین 베인 사이

□ از خانه تا ایستگاه

아즈 커네 터 이스트거

집에서부터 역까지

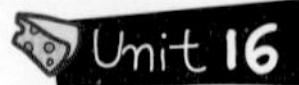

반대말 모타저드 متضاد

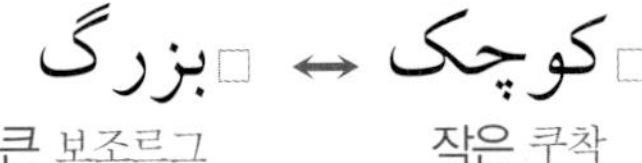

□ بزرگ ↔ □ کوچک

큰 보조르그 — 작은 쿠착

□ بلند ↔ □ کوتاه

높은 볼란드 — 낮은 쿠터흐

밝은 로샨 □ روشن ↔ 어두운 터리크 □ تاریک

새로운 노 □ نو ↔ 낡은 코흐네 □ کهنه

او بجای لباس کهنه، لباس نو پوشید.

우 베저예 레버쎄 코흐네, 레버쎄 노 푸쉬드.

그는 낡은 옷 대신에 새 옷을 입었다.

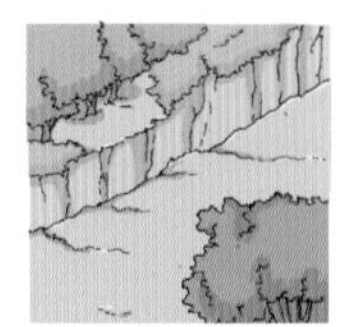

넓은 파혼 پهن □ ↔ 좁은 버리크 باریک □

가벼운 싸복 سبک □ ↔ 무거운 싼긴 سنگین □

좋은 쿱 خوب □ ↔ 나쁜 바드 بد □

빠른 싸리 سریع □ ↔ 느린 어헤스테 آهسته □

چه سریع، چه آهسته، کاری که باید انجام بدهی را انجام بده.

체 싸리, 체 어헤스테, 커리케 버야드 안점 베다히 러 안점 베데.
(체 싸리, 체 어헤스테, 커리케 버야드 안점 베디로 안점 베데.)
좀 느리든 빠르든 네 할일을 해라.

아름다운 지바 زیبا □ ↔ 추한 제쉬트 زشت □

گل را ببین. چیز قشنگ هم یک روزی زشت می شود.

골 러 베빈. 치제 까샹그 함 옉 루지 제쉬트 미샤바드.

(골로 베빈. 치제 까샹그 함 예 루지 제쉬트 미셰.)

꽃을 봐. 아름다운 것도 언젠가는 추해지는 거야.

깨끗한 타미즈 تمیز □ ↔ 더러운 카씨프 کثیف □

예리한 티즈 تیز □ ↔ 무딘, 둔한 콘드 کند □

세프트 سفت □ ↔ 느슨한 숄 شل □

팽팽한, 꽉 조이는

열린 버즈 **باز** □ ↔ 닫힌 바스테 **بسته** □

چرا همش پنجره را باز و بسته می کنی؟ حواسم پرت می شود.

체러 하마쉬 판제레 러 버조 바스테 미코니? 하버쌈 파르트 미샤바드.

(체러 하마쉬 판제레로 버조 바스테 미코니? 하버쌈 파르트 미셰.)

창문을 왜 자꾸 열었다 닫았다 하는 거니? 집중이 안 되잖아.

마른, 건조한 코쉬크 **خشک** □ ↔ 젖은, 습한 키스 **خیس** □

가득 찬 포르 **پر** □ ↔ 텅 빈 컬리 **خالی** □

낮 루즈 **روز** □ ↔ 밤 샵 **شب** □

امروز طول شب و روز یکسان است.

엠루즈 툴레 샤보 루즈 옉썬 아스트.

(엠루즈 툴레 샤보 루즈 옉써네.)

오늘은 밤과 낮의 길이가 같은 날이야.

부지런한 포르 탈러쉬 پرتلاش □ ↔ 게으른 탐발 تنبل □

부유한 쎄르바트만드 ثروتمند □ ↔ 가난한 파끼르 فقير □

حمله کردن □ ↔ دفاع کردن □

공격하다 함레 캬르단 / 방어하다 데퍼 캬르단

او آدمیست که هم نیزه ی حمله و هم سپر دفاع را دارد.

우 어다미스트 케 함 네이제예 함레 바 함 쎄파레 데퍼 러 더라드.
(우 어다미예 케 함 네이제예 함레오 함 쎄파레 데퍼로 더레.)
그는 공격하는 창과 방어하는 방패를 둘 다 가진 사람이다.

결혼한 모타아헬 متاهل □ ↔ 미혼의 모자라드 مجرد □

관련 단어

□ قد بلند بودن 까뜨 볼란드 부단 키가 크다
↔ □ قد کوتاه بودن 까뜨 쿠터흐 부단 키가 작다

□ چاق بودن 처끄 부단 뚱뚱하다
↔ □ لاغر بودن 러까르 부단 여위다

□ سرد 싸르드 추운
↔ □ گرم 갸름 더운

□ خوشحال 코쉬헐 행복한
↔ □ ناراحت 너러하트 괴로운

□ دوست داشتن 두스트 더쉬탄 좋아하다
↔ □ متنفر بودن 모타나페르 부단 싫어하다

□ زیاد بودن 지어드 부단 많다
↔ □ کم بودن 캄부단 적다

□ رنگارنگ 랑거랑그 화려한
↔ □ ساده 써데 소박한

□ قوی 까비 강한
↔ □ ضعیف 자이프 약한

□ شروع کردن 쇼루 캬르단 시작하다
↔ □ تمام شدن 타멈 쇼단 끝나다

나라 이름 아써미예 케쉬바르허 اسامی کشورها
수도 이름 퍼이타크트허 پایتخت ها

어씨어 آسیا 아시아

네팔 □	نپال	네펄
카트만두 □	کاتماندو	커트먼도
대만 □	تایوان	터이원
타이베이 □	تایپه	터이페
라오스 □	لائوس	러우스
비엔티안 □	وینتیان	빈티연
레바논 □	لبنان	롭넌
베이루트 □	بیروت	베이루트
말레이시아 □	مالزی	멀레지
쿠알라룸푸르 □	کوالالامپور	쿠얼러럼푸르
몽골 □	مغولستان	모골레스턴
울란바토르 □	اولانباتور	울란바토르
미얀마 □	میانمار	미언머르
네피도 □	ناپیداو	너이피더브
방글라데시 □	بنگلادش	방겔러데쉬
다카 □	داکا	더커
베트남 □	ویتنام	비에트넘
하노이 □	هانوی	허노이
북한 □	کره شمالی	코레예 쇼멀리
평양 □	پیونگ یانگ	피융영

아라베스터네쏘우디 عربستان سعودی	사우디아라비아 □	
리어즈 ریاض	리야드 □	
세리렁커 سریلانکا	스리랑카 □	
콜롬보 کلمبو	콜롬보 □	
쑤리에 سوریه	시리아 □	
다메쉬ㄲ دمشق	다마스쿠스 □	
쌍거푸르 سنگاپور	싱가포르 □	
쌍거푸르 سنگاپور	싱가포르 □	
아프거네스턴 افغانستان	아프가니스탄 □	
커볼 کابل	카불 □	
야만 یمن	예멘 □	
싸너 صنعا	사나 □	
오즈바케스턴 ازبکستان	우즈베키스탄 □	
터쉬캰드 تاشکند	타슈켄트 □	
아러ㄲ عراق	이라크 □	
바ㄲ더드 بغداد	바그다드 □	
이런 ایران	이란 □	
테흐런 تهران	테헤란 □	
에스러일 اسراییل	이스라엘 □	
우르샤림 اورشلیم	예루살렘 □	
헨드 هند	인도 □	
데흘리에 노 دهلی نو	뉴델리 □	
안도네지 اندونزی	인도네시아 □	
저커르터 جاکارتا	자카르타 □	

Unit 17 اسامی کشورها / پایتخت ها

한국어	페르시아어	발음
일본 □	ژاپن	저폰
도쿄 □	توکیو	토쿄
중국 □	چین	친
베이징 □	پکن	페칸
카자흐스탄 □	قزاقستان	까저께스턴
아스타나 □	آستانه	어스터네
캄보디아 □	کامبوج	컴보즈
프놈펜 □	پنوم پن	페놈판
태국 □	تایلند	터일란드
방콕 □	بانکوک	벙콕
터키 □	ترکیه	토르키예
앙카라 □	آنکارا	엉커러
파키스탄 □	پاکستان	퍼케스턴
이슬라마바드 □	اسلام آباد	에슬러머버드
필리핀 □	فیلیپین	필리핀
마닐라 □	مانیل	머닐
한국 □	کره جنوبی	코레예 주누비
서울 □	سئول	쎄울

유럽 اروپا 오루퍼

한국어	페르시아어	발음
그리스 □	یونان	유넌
아테네 □	آتن	어텐
네덜란드 □	هلند	홀란드
암스테르담 □	آمستردام	엄스테르덤

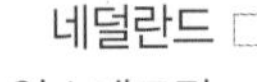

노르웨이 □	نروژ	노르웨지
오슬로 □	اسلو	오슬로
덴마크 □	دانمارک	던머르크
코펜하겐 □	کپنهاگ	코펜허그
독일 □	آلمان	얼먼
베를린 □	برلین	베를린
러시아 □	روسیه	루씨예
모스크바 □	مسکو	모스코
루마니아 □	رومانی	로머니
부쿠레슈티 □	بخارست	보커레스트
룩셈부르크 □	لوکزامبورگ	룩점보르그
룩셈부르크 □	لوکزامبورگ	룩점보르그
벨기에 □	بلژیک	벨직
브뤼셀 □	بروکسل	브룩쎌
스웨덴 □	سوئد	수웨드
스톡홀름 □	استکهلم	에스톡홀름
스위스 □	سوییس	수위스
베른 □	برن	베른
스페인 □	اسپانیا	에스퍼니여
마드리드 □	مادرید	머드리드
아일랜드 □	ایرلند	일란드
더블린 □	دوبلین	두블린
영국 □	انگلستان	엥겔레스턴
런던 □	لندن	란단
오스트리아 □	اتریش	오트리쉬
빈 □	وین	비안

우크라이나 □	اکراین	오크라인
키예프 □	کییف	키예프
이탈리아 □	ایتالیا	이털리어
로마 □	رم	롬
체코 □	چک	체크
프라하 □	پراگ	페러그
포르투갈 □	پرتغال	포르테걸
리스본 □	لیسبون	리스본
폴란드 □	لهستان	라헤스턴
바르샤바 □	ورشو	바르쇼
프랑스 □	فرانسه	파런쎄
파리 □	پاریس	퍼리스
핀란드 □	فنلاند	판런드
헬싱키 □	هلسینکی	헬싱키
헝가리 □	مجارستان	마저레스턴
부다페스트 □	بوداپست	부더페스트

아프리카 آفریقا 어프리거

가나 □	غنا	까너
아크라 □	آکرا	어크러
나이지리아 □	نیجریه	니제리예
아부자 □	آبوجا	어부저

발음	페르시아어	한국어
어프리카예 주누비	آفریقای جنوبی	남아프리카공화국 □
페레토리여	پرتوریا	프리토리아 □
마러케쉬	مراکش	모로코 □
라바트	رباط	라바트 □
쑤던	سودان	수단 □
카르툼	خرطوم	하르툼 □
알자저예르	الجزایر	알제리 □
알자지레	الجزیره	알제 □
에티유피	اتیوپی	에티오피아 □
어디스 어버버	آدیس آبابا	아디스아바바 □
우건더	اوگاندا	우간다 □
컴펄러	کامپالا	캄팔라 □
메쓰르	مصر	이집트 □
꺼헤레	قاهره	카이로 □
켄여	کنیا	케냐 □
너이로비	نایروبی	나이로비 □
턴저니여	تانزانیا	탄자니아 □
두두머	دودوما	도도마 □

오끼여누씨에 اقیانوسیه 오세아니아

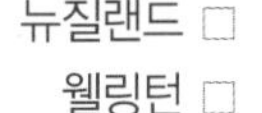

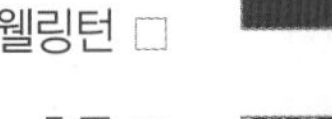

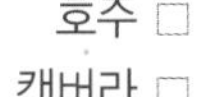

발음	페르시아어	한국어
니유즐란드	نیوزلند	뉴질랜드 □
웰링톤	ولینگتون	웰링턴 □
오스트럴리어	استرالیا	호주 □
컨베러	کانبرا	캔버라 □

엄리커 آمریکا 아메리카

멕지크 مکزیک	멕시코 □	
멕지코 씨티 مکزیکو سیتی	멕시코시티 □	
엄리커 آمریکا	미국 □	
워셍톤 واشنگتن	워싱턴 □	
베네주엘러 ونزوئلا	베네수엘라 □	
커러커스 کاراکاس	카라카스 □	
베레질 برزیل	브라질 □	
베러질리여 برازیلیا	브라질리아 □	
어르전틴 آرژانتین	아르헨티나 □	
보에누스 어이레스 بوئنوس آیرس	부에노스아이레스 □	
쉴리 شیلی	칠레 □	
썬티어고 سانتیاگو	산티아고 □	
커너더 کانادا	캐나다 □	
오터워 اتاوا	오타와 □	
콜롬비여 کلمبیا	콜롬비아 □	
부고터 بوگوتا	보고타 □	
쿠버 کوبا	쿠바 □	
허버너 هاوانا	아바나 □	
페로 پرو	페루 □	
리머 لیما	리마 □	

관련 단어

□ جهان 세계 자헌

□ کشور 나라, 국가 케쉬바르

□ ملت 국민 멜라트

□ جمعیت 인구 자미야트

□ پایتخت 수도 파이타크트

□ شهر 도시 샤흐르

□ روستا 마을 루스터

□ زادگاه 고향 저드거흐

□ فرهنگ 문화 파르항그

□ حکومت مستقل 독립국 호쿠마테 모스타겔

□ حکومت جمهوری 공화국 호쿠마테 좀후리

□ حکومت پادشاهی 왕국 호쿠마테 퍼데셔히

□ کشور پیشرفته 선진국 케쉬바레 피쉬라프테

□ کشور در حال توسعه 개발도상국 케쉬바레 다르 헐레 토쎄에

□ کشور عقب افتاده 후진국 케쉬바레 아갑 오프터데

복습문제 سوالات مروری

1 다음 단어를 이란어 혹은 우리말로 고쳐 보세요.

a) 얼룩말 ______________ 코끼리 ______________

밤 ______________ 호랑이 ______________

b) 백조 ______________ پرستو ______________

독수리 ______________ لک لک ______________

2 다음 그림과 단어를 연결해 보세요.

پروانه　　سنجاقک　　عنکبوت　　کرم شب تاب　　ملخ

3 다음 보기에서 단어를 골라 빈칸에 써넣어 보세요.

a) کپور　ماهی آزاد　میگو　کوسه　نهنگ　ماهی تن
b) بادام زمینی　گردو　هلو　انجیر　کشمش　توت فرنگی
c) جوانه　دانه　برگ　درخت بلوط　درخت کاج　درخت خیزران
d) گل نیلوفر آبی　گل آفتاب گردان　گل بنفشه　قاصدک　گل ارکیده

a) 참치 __________ 새우 __________ 연어 __________

잉어 __________ 상어 __________ 고래 __________

b) 호두 ________ 무화과 ________ 딸기 ________

복숭아 ________ 땅콩 ________ 건포도 ________

c) 잎 ________ 싹 ________ 씨앗 ________

떡갈나무 ________ 대나무 ________ 소나무 ________

d) 해바라기 ________ 민들레 ________ 제비꽃 ________

난초 ________ 연꽃 ________

4 다음 그림과 단어를 연결해 보세요.

خیار　　هویج　　سیر　　فلفل　　قارچ

5 다음 단어를 이란어 혹은 우리말로 고쳐 보세요.

a) 호수 ________ 언덕 ________

پرتگاه ________ 숲 ________

صخره ________ 북쪽 ________

b) 눈 ________________ ابر ________________

하늘 ________________ باد ________________

얼음 ________________ 비 ________________

c) 가솔린, 휘발유 ________ برق ________________

불 ________________ 빛 ________________

آب ________________ 소리 ________________

d) 회색 ________________ 노란색 ________________

갈색 ________________ سبز ________________

بژ ________________ نقره ای ________________

e) 해 ________________ زمین ________________

달 ________________ 보름달 ________________

별 ________________ سیستم کهکشانی ______

f) 섬 ________________ 육지 ________________

صحرا / بیابان ________ 해협 ________________

عرض جغرافیایی ______ 바다 ________________

6 다음 빈칸에 알맞은 이란어를 써넣어 보세요.

a) 밖으로 나가자. .__________ برویم

b) 집에서부터 역까지 ________ تا ________ از

c) 바다 밑에서 دریا ______

7 다음 빈칸에 알맞은 이란어 혹은 우리말을 써넣어 보세요.

a) بزرگ 크다 — __________ 작다

روشن __________ — __________ 어두운

b) __________ 넓은 — باریک __________

خوشحال 행복한 — __________ 괴로운

c) __________ 깨끗한 — __________ 더러운

ثروتمند 부유한 — __________ 가난한

8 다음을 우리말로 고쳐 보세요.

a) تایلند __________ ژاپن __________

استرالیا __________ چین __________

هند __________ ترکیه __________

b) آمریکا __________ انگلستان __________

آلمان __________ ایتالیا __________

فرانسه __________ روسیه __________

c) جهان __________ پایتخت __________

فرهنگ __________ مردم __________

کشور __________ روستا __________

정답

1 a) گورخر　فیل　مار　ببر

b) قو　제비　عقاب　학

2 거미 – عنکبوت　잠자리 – سنجاقک　나비 – پروانه　메뚜기 – ملخ

개똥벌레 – کرم شب تاب

3 a) ماهی تن　میگو　ماهی آزاد　کپور　کوسه　نهنگ

b) گردو　انجیر　توت فرنگی　هلو　بادام زمینی　کشمش

c) برگ　جوانه　دانه　بلوط　خیزران　کاج

d) آفتاب گردان　قاصدک　بنفشه　ارکیده　نیلوفر آبی

4 오이 – خیار　마늘 – سیر　당근 – هویج　버섯 – قارچ

고추 – فلفل

a) دریاچه　تپه　절벽　جنگل　바위　شمال

b) برف　구름　آسمان　바람　یخ　باران

c) بنزین　전기　آتش　نور　물　صدا

d) خاکستری　زرد　قهوه ای　녹색　베이지색　은색

e) خورشید　지구　ماه　ماه کامل　ستاره　은하계

f) جزیره　خشکی　사막　تنگه　적도　دریا

6 a) بیرون

b) خانه　ایستگاه

c) زیر

7 a) کوچک　밝은　تاریک

b) وسیع　좁은　ناراحت

c) تمیز　کثیف　فقیر

8 a) 태국　일본　호주　중국　인도　터키

b) 미국　영국　독일　이탈리아　프랑스　러시아

c) 세계　수도　문화　국민　나라　마을

Index

한글 색인

이란어 색인

● Theme 10의 unit 17 **나라 이름 · 수도 이름 및 인구** 부분과 مکالمه / **이란 문화 엿보기** 부분 등은 색인에서 제외하였습니다.

한글 색인

한글 색인

이란어 색인

한글 색인

이란어 색인

ㄴ

ㄷ

한글 색인
이란어 색인

ㅂ

ㅅ

ㅇ

한글 색인

이란어 색인

ㅈ

한글 색인

이란어 색인

ㅊ

ㅌ

한글 색인

이란어 색인

ㅎ

한글 색인

이란어 색인

한글 색인
이란어 색인

이란어 색인

آ

خ

ح

د

ر

ز

ژ

س

ق

ک

گ

ل

م

ن

ی

한 번만 봐도 기억에 남는

테마별 회화 이란어(페르시아어) 단어 2300

초판 1쇄 인쇄 | 2016년 4월 8일
초판 1쇄 발행 | 2016년 4월 15일

지은이 | 곽새라
감 수 | Fahime Ghapandari Bidgoli
그린이 | 황종익
펴낸이 | 남승천, 박영진

편 집 | 이말숙
디자인 | 한선화
제 작 | 선경프린테크

펴낸곳 | Vitamin Book
등 록 | 제318-2004-00072호
주 소 | 07251 서울특별시 영등포구 영신로 40길 18 윤성빌딩 405호
전 화 | 02) 2677-1064
팩 스 | 02) 2677-1026
이메일 | vitaminbooks@naver.com
웹하드 | ID vitaminbook PW vitamin

ISBN 978-89-92683-73-9 (13790)

이 도서의 국립중앙도서관 출판예정도서목록(CIP)은 서지정보유통지원시스템 홈페이지(http://seoji.nl.go.kr)와 국가자료공동목록시스템(http://www.nl.go.kr/kolisnet)에서 이용하실 수 있습니다. (CIP제어번호 : CIP2016008491)

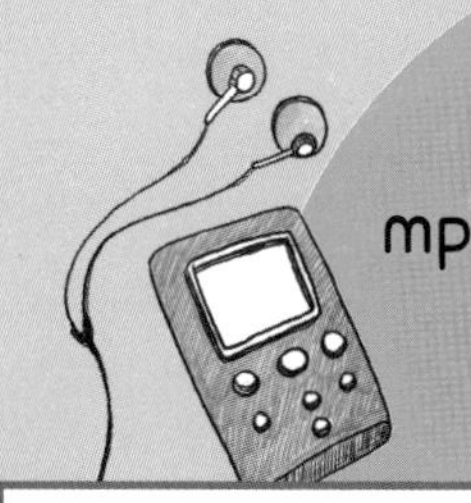

웹하드에서 mp3 파일 다운 받는 방법

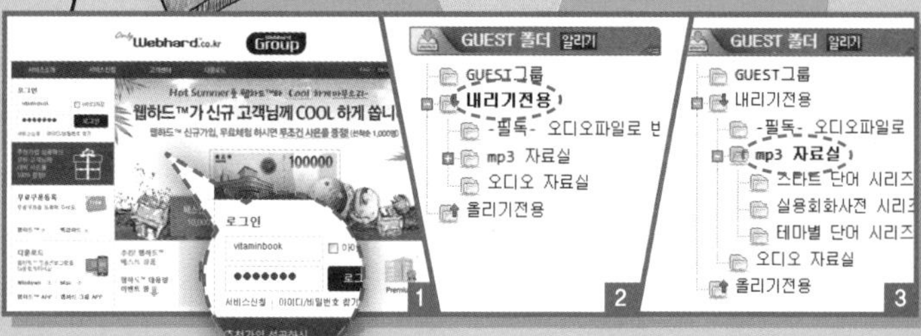

다운 방법

STEP 01
웹하드 (www.webhard.co.kr) **에 접속**
아이디 (vitaminbook) **비밀번호** (vitamin) **로그인 클릭**

STEP 02
내리기전용**을 클릭**

STEP 03
Mp3 자료실**을 클릭**

STEP 04
테마별 회화 이란어(페르시아어) 단어 2300**을 클릭하여 다운**